福井県立大学県民双書XIII

若者のキャリア形成を考える

中里 弘穂 編著

晃 洋 書 房

キャリアセンターを立ち上げて

一昔前と較べて、日本の雇用形態は正規や非正規（パートや派遣など）、その他さまざまに、驚くほど多様化してきた。また、時代変化のスピードは速く、雇用全般を取り巻く環境も厳しい。その中で、若者たちはもがき悩んでいる。何よりも、若者たちの職業観や人生観が揺らいできている。大学で学ぶ学生たちもその例外ではない。

福井県立大学にキャリアセンターが設立されたのは二〇一〇年である。日々の学生たちの「就活」に対する具体的な支援や指導、企業情報の収集などがその仕事である。しかし、それとならんで、働くということの意義付け、働くために大学で学ぶことの意味、キャリア形成の重要性、あるいは人間関係のあり方など、広い意味での「キャリア教育」のセンターであることを目指してきた。本書の編者、中里弘穂先生はキャリアセンターを活動拠点として、学生たちへの就職支援、キャリア教育の実践、そして本学独自の『キャリアデザイン・ノート』を執筆するなど、大車輪の奮闘をされてきた。本学が近年、就職率九五％以上という好成績を維持しているのも、キャリアセンターを中心とした教職員一同の努力の結果である。

本書は、『若者のキャリア形成を考える』と題している。著者たちは、それぞれの豊富な経験や実践をもとに、非正規雇用のどこが問題なのか、最近の状況変化について説明している。また、いくつかの切り口から分析を加えて、キャリア教育の必要性を説いている。あるいは、キャリアデザインの重要性を訴えている。本書の議論はさらに男女共同参画の問題や、企業や官庁におけるキャリア形成にまで展開されていく。福井県の具体的な事例も豊富に取り入れられている。本書が、福井県立大学県民双書の一つとして、広く皆さんに読まれることを期待してやまない。

福井県立大学 学長　下谷政弘

はじめに

この本を手に取られた大学や高校の教育関係者の方々、また将来のことを考え始める年頃のお子さんをお持ちの保護者の皆さまは、進路や就職のことについて学生やお子さんから相談を受ける機会が多々あるのではないか。一昔前であったら、社会人の先輩として自分の経験を基に適切なアドバイスができたであろう。今、若者を取り巻く社会環境や雇用環境、就職活動は大きく変貌してきている。自分の体験からのアドバイスは、必ずしも有効に作用しない場合も出てくる。この状況に、相談を受ける方も、若者自身も将来を示すコンパスを求め右往左往しているようにも思える。

筆者は学生の教育と共に、長く若者の就職の支援に携わってきた。初職に定着できず早期に離職してしまった、また新卒時に正規雇用に就けなかった若者たちの再就職を支援してきた。就職の相談に乗り、応募書類の書き方や面接の受け方を指導する中で、若者たちが、地図にもたとえられる、今自分が置かれている社会の状況をあまりにも知らないことに気付いた。さらに就職活動というコンパスの使い方がわかっても荒波を乗り越える、山道を踏破する術が身についていないという思いが深くなった。若者を取り巻く雇用環境が変化し、若者自身が本来備える力が低下しているのではないか、そのような危惧を感じる状況において、福井県立大学では二〇一一年度より全学部でキャリア教育科目を導入することとなり、筆者が着任した。

本書の中でも述べているように、キャリア教育を導入している高校・大学は増加しているがその内容が必ずしも確立されているわけではない。筆者自身も迷いながら日々進んでいる。しかしながら若者が置かれている現在の社会の状況を理解し、進んでいく力を育成するという方向に間違いはないであろう。もちろんキャリア教育だけでそれらの力を身につける訳ではなく、大学で言うならば教養科目や専門科目で学ぶことは地図の重要な一部であり、進み行く力に必要不可欠な食糧となっている。

さらに、キャリア教育やキャリア形成という言葉は耳にする機会は多いものの、「よくわからない」「就職支援とどう違うのか」という声も届く。この疑問に対しては、福井県立大学の公開講座などを開催し、折に触れて一般の方々にもキャリア教育・キャリア形成についての理解を広めてきた経緯がある。今回、福井県立大学県民双書という形で本書を出版する機会を得ることができ、若者が直面している問題を改めて提起することができたことに深く感謝している。

本書は、二〇一一年度に福井市で開催された大学連携リーグ連携企画講座「ふくいの若者のキャリア形成を考える」並びに、同年の福井県立大学公開講座「高校生の進路選択とキャリアデザイン――なぜ、フリーター、非正規雇用者となることが危険なのか――」の内容に基づき、資料を加えわかりやすく編集したものである。若者の将来に関心を持つ大学、高校の教育関係者、就職支援に携わる方、行政機関の方のみならず保護者の方、学生さんにもぜひお読みいただきたいと考えている。

本書は9章から構成されている。各章の主な内容を紹介すると、第1章では「現代社会とキャリアデザインの必要性」として、若者を取り巻く社会環境の変化、雇用状況の変化とそのような時代に生きる若者たちが自分の将来、キャリア形成を考える必要性を述べている。第2章では「フリーター（非正規雇用者）を選ぶことの危険性」として、若者にフリーターが増加している現状とその要因を説き、フリーターにおいては職務能力が蓄積されにくいことから正規雇用者への転職が難しく、将来の生活設計に影響を与えてしまう現状を述べている。第3章では「高校生・大学生の就職状況と就職活動」として、高校生や大学生の就職が厳しくなった背景と教育現場で行なわれている就職支援の状況や大学生たちの就職活動の様子と問題点を述べている。この章には、筆者が実際に就職を支援した学生の事例を紹介し、就職支援のあり方に対する問題提起ともした。第4章では「高校・大学におけるキャリア教育の導入」として、教育現場にキャリア教育が導入された要因並びに実施の状況を紹介した。キャリア教育の学習内容を紹介することで、一部の方の就職支援教育というような誤解が解けることを願っている。

第5章からは就職後の若者のキャリア形成を考えている。第5章では「新卒者雇用の状況と新入社員の就職意識」として社会環境の変化の中で、若者たちの就職に対する意識がどのように変化したのか、また全国型就職を選ぶ若者と地方の出身地での就職を選ぶ若者に存在する意識の違いをアンケート調査の結果を基に考察した。第6章と第7章では「企業におけるキャリアの形成方式」として、就職後企業内においてどのようにキャリア形成がなされるのかを、豊富な先行研究の調査並びにアンケートの実施により分析している。企業においては部課長レベルまでのキャリアは専門職能を中心に幅広い業務を経験することで形成されていることと、同時に人事部門も異動・配置歴をモニターするなど、キャリア形成に関与していると結論付けている。第8章では「男女共同参画社会と女性のキャリア形成」として、女性の共働き率が全国一位である福井県の例を挙げ、女性の就業の状況と行政機関の各種支援施策を紹介している。さらに働く女性の先輩として、女性が就業を継続する上でのアドバイスも述べている。第9章では「公務員としてのキャリア形成」として、公務員という仕事が若者になぜ魅力があるのかを説き、公務員の業務が多様であることを紹介するほか、公務員としての自覚をもった職務の遂行の必要性、職務遂行を通してのキャリア形成の過程を述べている。

紙面の関係から、本書で述べた内容は若者が置かれている厳しい状況の地図を示すに留まっている。その状況を踏まえどこに向かうかを決めるのは、若者自身である。目指す方向が決まったときに、困難を乗り越える術をどのように身につけるかについては、今後研究を重ね、次の機会に記したいと考えている。

本書の執筆に当たり取材、調査にご協力いただいた皆様には、紙面を通して感謝申し上げるとともに、一人でも多くの方にお読みいただき、若者のキャリア形成に関心を持ってくださることを、切に願っている次第である。

二〇一二年一一月

中里弘穂

目次

第1章

現代社会とキャリアデザインの必要性

「キャリアとは何か」
考えることからまずスタート

学びの場は時に楽しく，時に真剣に

はじめに

先日あるマスコミの方から、取材に関する情報提供の依頼を受けた。「働かない若者」の特集をしたいので、働いていない若者を紹介してほしいというものである。

文部科学省の発表によれば、二〇一二年の春に大学を卒業した約五六万人のうち六%にあたる約三万三〇〇〇人が、進学も就職の準備もしていないという。彼らは新卒ニートと呼ばれる。ニート（若年無業者）とは、通学も仕事もしておらず職業訓練も受けていない一五歳から三四歳の若者を指す。英語の"Not in Education, Employment or Training"の頭文字（NEET）からとられた。新卒者に限らずニートは増えている。厚生労働省の推計では、ニートの数は二〇一一年で約六〇万人であるという。彼らは、自分の意志で働かないのであろうか。「働かない」のではなく、「働けない」「働くことが選択できない」のではないか。

就業している若者についても、状況は厳しい。文部科学省の発表によれば二〇一二年度の学校基本調査で、大学卒業者のうちで契約・派遣社員やアルバイトなど雇用期間に限りがある非正規労働に就いた人が計四万人を超えたという。大学生、高校生の就職内定率[1]として発表される九〇%代後半の数字は、非正規就業を含めた数字である。新卒時に正規雇用の職を得られなかった若者は、その後ハンデを持ったまま生涯をすごす確率が高くなっている。二五歳から三四歳の若者では、二〇年前には非正規雇用者は一〇人に一人位の割合であった。現在は四人に一人位の割合に増加している。非正規雇用者として働く若者の多くは、正規雇用での就業を望んでいるという。若者の就職難は少子化を加速させるばかりでなく、税収の減少や社会保障費の増加を招くリスクが強まるなど、社会にとり大きな問題である。

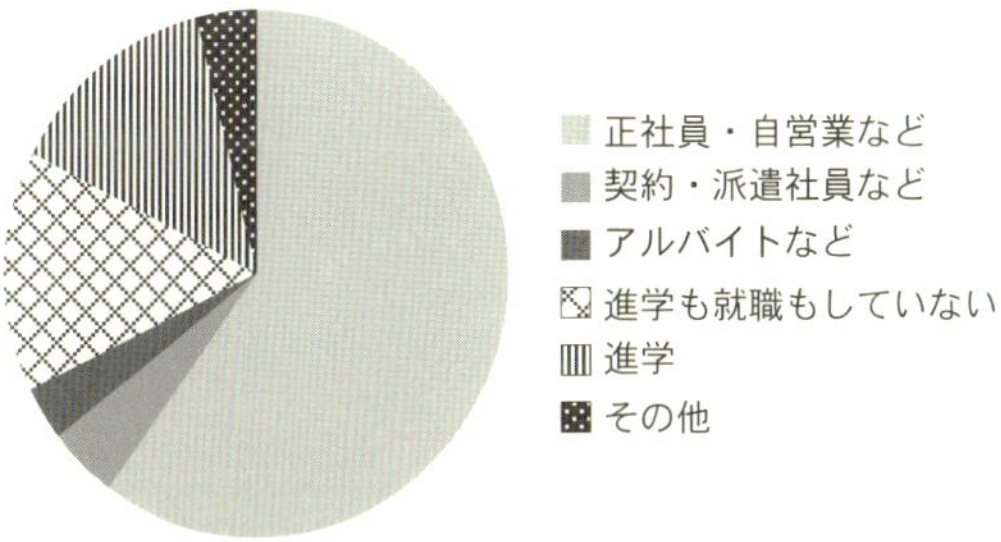

図1－1　大学卒業者の進路

出所：文部科学省「学校基本調査」2012年速報より筆者作成.

若者が安定した仕事を見つけられなくなっているのはなぜなのか。若者自身に問題があるのか、社会制度や社会環境の変化に原因があるのか。この状況はどのようにすれば改善できるのか。本章では若者を一八歳から三四歳と捉え、若者の就職難の現状と就職難の状況をもたらせた原因を探っていく。その上でこの状況を改善できる方法を考察し、このような状況においては、若者自身が仕事だけでなく人生も含めて自分のキャリアを考え自らのキャリア形成を図る必要性があることを述べていく。

一　日本型雇用システムの変化

現在の若者の両親が青年であった頃、学校を終えて就職すればそのまま就業を継続し、定年を迎えるということが当たり前と考えられていたのではないであろうか。就業の継続性が保たれ、賃金の上昇が見込めることで結婚、出産、住宅の購入といった生活設計が可能であった。長期雇用、年功賃金、企業別労働組合を特徴として維持されてきた日本型雇用システムは、バブル経済の崩壊後の長期不況や少子高齢化の進展など、日本経済を取り巻く環境が劇的に変化したことで、確実に変化してきているといわれる。

本節では、各種の統計調査の数値を基にして日本型雇用システムに崩れが生じてきている現状を明らかにしていく。まず長期雇用について考えてみる。二〇〇六年度版「厚生労働白書」は第一章、第三節において働く場（職場）の変化について報告している。「「終身雇用」の変化――勤続年数の伸長の頭打ちと転職者比率の増加――」として、次のように述べている。「勤続年数の推移をみると、一九八〇年の九・三年から二〇〇〇年に一二・〇年となるが、その後は伸長せず、二〇〇五年も一二・〇年となっている。二〇〇五年の勤続年数を二〇〇〇年のそれと比べると勤続年数が伸びたのは、五五―五九歳、六〇―六四歳の二つの年齢階級のみである」。二〇〇五年の結果からは五四歳までの若い層での退職者が増えていることが推測され、必ずしも長期雇用が約束されているわけではないと考えられる。

連合[2]が、加盟する民間組合を対象に二〇一二年に実施した「雇用実態調査」（回収数三二四七組合）においても国内正規従業員が減少していることが報告されている。一年前に比べ国内正規従業員数が減少したと回答した組合は二三・〇％で、増加したとの回答一四・〇％を上回っている。減少した理由は「国内市場の売り上げの低迷」と「合理化・省力化の推進」との回答がそれぞれ三六・八％、三六

・四％で上位を占めている。以下、「企業組織の再編・廃止」（二七・九％）、「大幅な業績悪化」（二五・九％）、「パート・契約社員への置き換え」（二一・五％）の順となっている。従業員の構成比率をみると、正規従業員が七三・四％、直接雇用の非正規労働者が二六・六％になり従業員の約四分の一が非正規労働者になっている。

年功賃金についてはどうであろうか。厚生労働省の「賃金構造基本統計調査」によれば所定内給与額は、調査を開始した一九七六年以降毎年上昇していたが、一九九五年以降伸びが少なくなり、二〇〇二年にはマイナスとなる。特にリーマンショックを契機として急激に景気が下降した二〇〇九年にはマイナス一・五％となっている。二〇一〇年、二〇一一年には多少の上昇は見られたが、二〇一一年の所定内給与額二九万六八〇〇円はほぼ一九九六年の所定内給与と同じである。(3)

年収で考えるとどのような変化が見られるのであろうか。国税庁の「民間給与実態統計調査」によれば、二〇一一年のサラリーマンの平均年収は四〇九万円（平均年齢四四・七歳、平均勤続一一・六年）になり、前年より〇・七％減少している。平均年収は二〇〇一年の四五四万円からほぼ毎年減少している。特に二〇〇九年の落ち込みが大きいことは、所定内給与と同じである。この二つの統計からは賃金が毎年上昇するとは、必ずしも期待できない状況が見えてくるのではないか。

東京商工リサーチの調査によれば、二〇一二年八月までに希望退職者や早期退職者の募集を行った上場企業は、五〇社、一万五〇〇〇人余りに達しているという。二〇〇九年の世界同時不況時が二万三〇〇〇人余りであるからその数の多さがわかるであろう。学生やその保護者は就職先の希望を「大

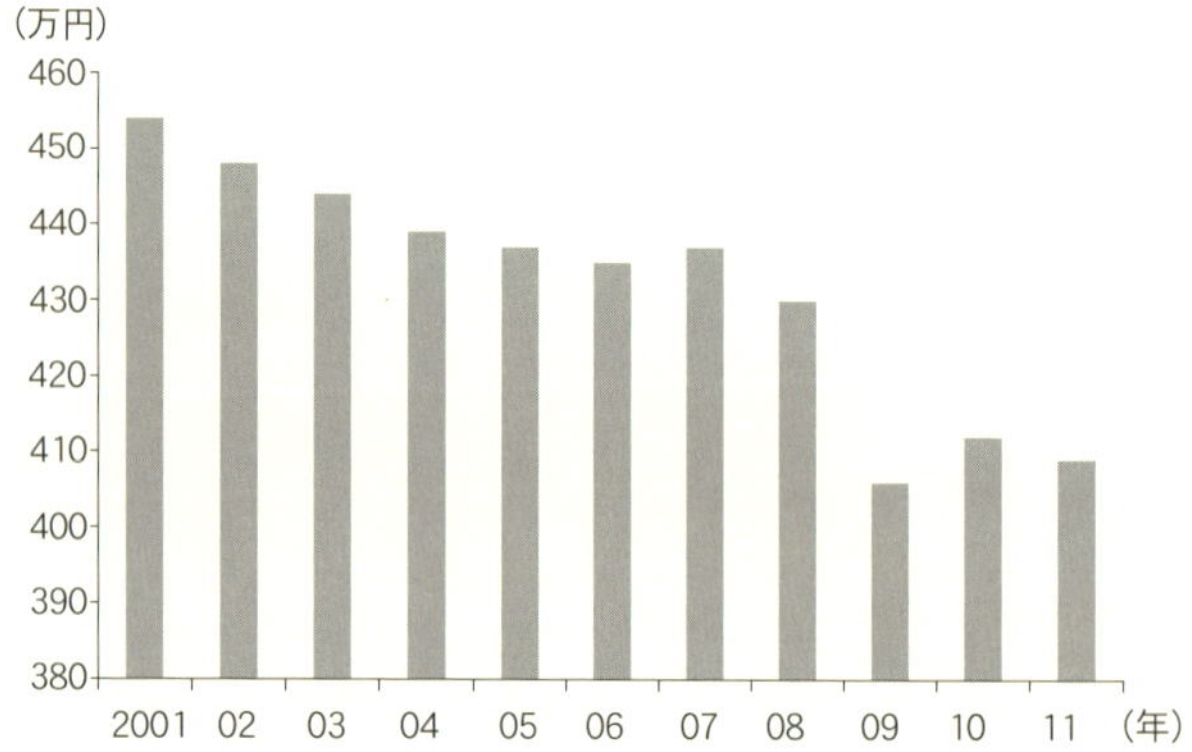

図1－2　サラリーマン平均年収の推移

出所：国税庁「民間給与実態統計調査」より筆者作成.

手企業」と答える割合が多いが、大手企業といえども保障はあり得ない状況になってきている。ただし一定の期間の勤続者に対し、企業は職務能力の向上を図り、早期退職者に対しての退職金の割り増し等金銭面での支援、転職に対する支援も行われるので、ことさらに不安感を高める必要もないであろう。このような状況に対し、若者が何を考えどのように対処すればよいのかは、次節以降で述べていく。

二　若年者の雇用状況の変化

日本型雇用システムにほころびが生じている状況において、若年者の雇用にはどのような影響が出ているのであろうか。法政大学キャリアデザイン学部の学部長を務める児美川孝一郎は、その著『若者はなぜ「就職」できなくなったのか』において「日本的雇用」、「新規学卒就職モデル」が崩壊したことが若者の就職難を引き起こしている原因と述べている。本節では若年者の雇用が厳しくなっている状況とその原因を考えていく。

欧米で長く社会問題となっていきた若者の就職難が、日本でも深刻さを増しているという。経済協力開発機構（ＯＥＣＤ）の調査（二〇一一年発表）では、一五歳から二四歳の失業率は米国で一六・四％、英国で二一・九％と日本に比べ格段に高い。職務経験により採用する欧米に対し日本では新卒一括採用の雇用慣行があり、若年者の失業率が長い間低く保たれていた。ところが二〇一一年の一五歳から二四歳の完全失業率は、八・二％と二〇年前の二倍近くになっている。この数値は全世代の平均失業率四・五％を大きく上回る(4)。欧米には経験の無い新卒社員を一括採用する雇用慣行はなく、新卒者がすぐに職に就けない例も多いと聞く。それに対して日本企業はこれまで新卒者を一括採用し、新卒の若者を社内で一〇年程度訓練し長期雇用で投資を回収してきた面がある。その間は手厚い福利厚生を通じ家庭を作り維持することも支えてきた。長引く低成長やグローバル競争はこのように社員の人生を丸抱えする余裕を企業から奪ってしまい、学校から仕事への移行の形が崩れてきている。

就職を希望しながら卒業時に就職が決まっていない若者は、二〇一一年春に七万五〇〇〇人と三年で倍増した。一五歳から三四歳の約一七〇万人は正社員を希望しているのに、非正規労働を余儀なくされている。若者の雇用環境が悪化した理由の一つに、高齢者雇用の拡大が挙げられる。政府は希望者に対して企業が六五歳まで継続雇用をするように求めている。団塊世代で定年後も会社で働き続ける人たちが増え、六〇歳から六四歳の就業率は二〇〇九年、五七％にもなった。これは全体の就業率五六・六％よりも高い。企業は人件費を削減する場合に職務遂行能力のある中高年者の雇用調整よりも、新規採用の抑制を選ぶ傾向が強い。このことも若者の雇用の減少につながる。

もう一つの原因は、景気が低迷し企業の雇用吸収力が弱まっていることであろう。リクルートワークス研究所の調査によれば、二〇一三年春卒業の大学生を対象とした求人数は、五五万三八〇〇人になり、二〇〇八年秋のリーマンショック前の九〇万人台から落ち込んだままである。北陸地方にある電子部品メーカーは大卒の新入社員を毎年一〇〇人前後採用していた。リーマンショックを受けて次の年には三〇人に減らした。現在業績は回復し、受注は好調であるが採用数はこの先も三〇人前後にしていくそうだ。「今後もまた急激な経済変動が起こるかも知れず、現在の受注が良いからといって正社員は増加できない」と人事課長は説明された。増産には契約社員を増加することで対応しているそうである。

就職難の状況は若者側にも問題があるとの声も多い。海老原嗣生は『就職に強い大学・学部』の中で、大学の数が増え、進学率が上昇した結果、大学生としての基礎学力・常識をもたない学生が増加し、企業側が採用試験に筆記試験やグループディスカッションなどを果たし、就職後の対応力を厳しくチェックするようになり、結果として厳選採用に繋がっていると述べている。確かに大手企業には採用人数の数百倍のエントリーが寄せられ、五次、六次といった採用試験が果たされる。その反面、ソフト開発、介護福祉の職種など恒常的に人員不足の職場もある。若者の大手企業志向、志望職種の偏りが一層の就職難を招いているとも言える。

就職難といわれる状況で職を得たものの、若年者が転職する率は他の年代に比べ著しく高くなっている。「厚生労働白書」によれば、一五歳から二四歳の転職率は一九九五年が約一〇%、二〇〇〇年、二〇〇五年は一二%を超えている。全体の転職率が四%ぐらいであるから、この年代の転職者がきわめて多いことになる。就職氷河期の時代に希望する職に就けなかったためという見方もあり、若者の忍耐力、ストレス耐性の低下を理由と考える見方もある。

若年者の賃金についてはどうであろうか。厚生労働省が毎年発表する「新入社員初任給調査」から新規学卒者の初任給をみると、大卒者男性の場合一九七七年には一〇万一〇〇〇円であったが二〇一二年には二〇万五〇〇〇円と約二倍に上昇している。平均給与が二〇〇一年以降ほぼ下降していることに比べ、初任給が減少した年は一九九六年、二〇〇四年、二〇〇五年、二〇〇七年、二〇一〇年の五年のみで、減少幅も前年比〇・五%と小幅に留まっている。初任給は新卒社員の募集要項として入社の一年半ぐらい前には公表される割合が高い。平均給与が支給後の統計であるのに比べ、採用計画を立てるときの景気動向が反映されるために、リーマンショックによる収益下降は二〇〇九年ではなく、次の年の初任給の減少に反映されてくるのであろう。採用人数を絞っても応募者を増やすために初任給は据え置くという企業も多い。

初任給については企業の規模によっても差がある。二〇一二年の場合、従業員数一〇〇〇人以上の大企業の大卒男子は二〇万七五〇〇円になるが、一〇〇人未満の小企業は一九万四三〇〇円と一万円の差がある。高卒の場合は一六万三〇〇円と一五万九八〇〇円になり差は少ない。大卒女子の場合、大企業では二〇万七一〇〇円と男子との差はあまりないが、小企業の場合一八万五三〇〇円とこの差

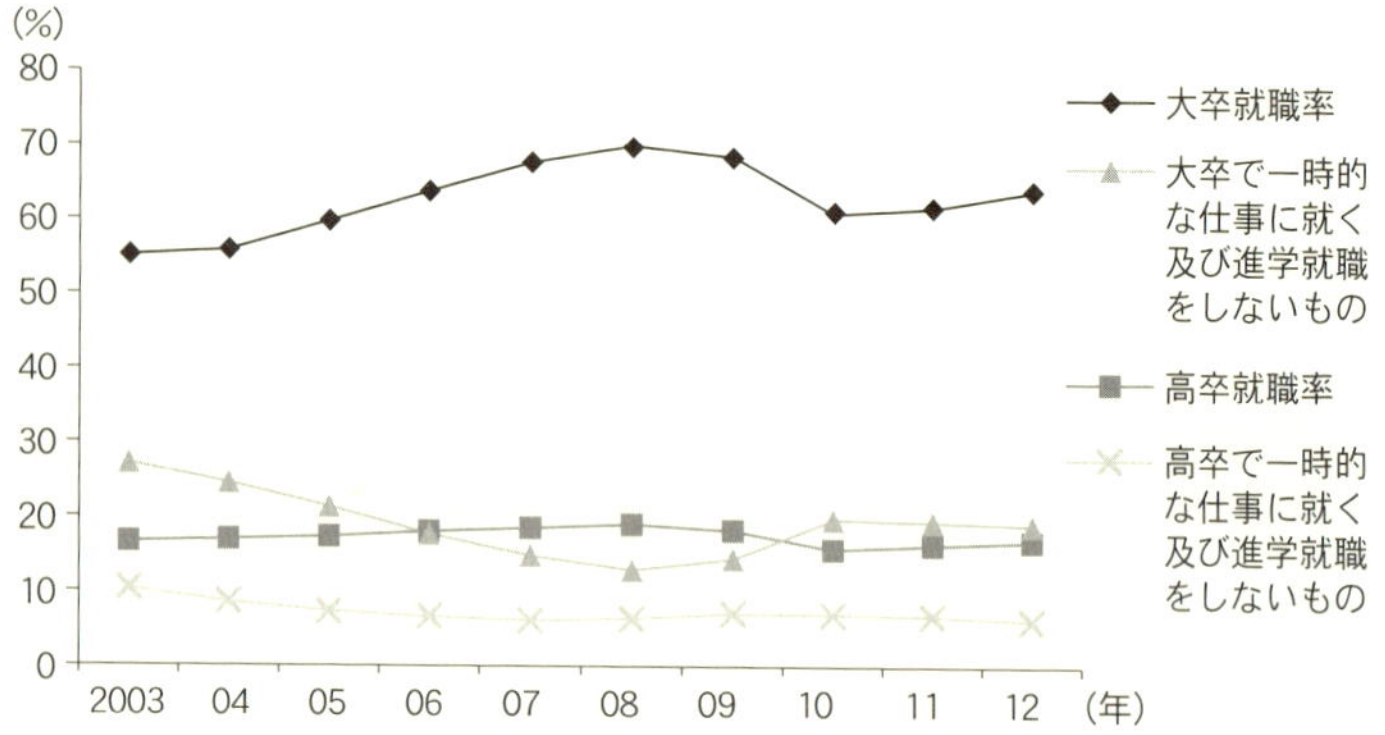

図1－3　高校生・大学生の卒業後の就職状況

出所：文部科学省「学校基本調査」2012年速報より筆者作成.

はさらに拡大する。高卒女子では、大企業一五万五九〇〇円、小企業一四万九一〇〇円と大卒女子ほどの差はない。中小企業でも優秀な人材を求めているが、大企業と小企業の間に賃金格差が存在することも事実である。

若者の大手企業志向が就職難を引き起こす原因の一つと指摘される中で、賃金以外の魅力を中小企業の中にどう見出し、自分のキャリアを形成していくことが求められてくるのではないか。

若年者の雇用が厳しい状況を受け、二〇〇三年の「若者自立・挑戦プラン」やフリーターの若者を試験的に採用した企業に奨励金を支払う「若年者トライアル雇用制度」の実施などさまざまな対策がとられるようになってきた。各都道府県に「若年者のためのワンストップ・サービスセンター（通称ジョブカフェ）」が設置され、就職相談や職業紹介を行い効果をあげている。新卒一括採用という雇用環境が主流を占める中で、卒業後三年以内の若者にも採用試験を受ける機会を与え、新卒者と同等の扱いを奨励する政策も打ち出されている。「三年以内既卒者トライアル雇用奨励金」や「三年以内既卒者採用拡大奨励金」支給制度などである。企業の正社員雇用の枠が狭められている状況の中で、このような政策がどこまで効果を得られるか疑問視する声も多い。卒業時に就職難に直面し不本意な非正規雇用者としての就職をした若者に対して、その後の人生に影響を与えない配慮が企業にも、学校にも、社会にも求められているのではないか。

三　キャリアデザインとは何か

昨今、「キャリア」という言葉を盛んに耳にする。「キャリアウーマン」「キャリアセンター」「キャリア教育」「キャリア相談」等である。社会に対しても、個人の将来に対しても閉塞感を感じている人が多いと思われる中で、キャリアを考えれば全てが解決するごとくの響きがある。若者の就業環境が厳しい中で、キャリアを考えることが若者にとってどのような意味を持ち、どのような効果があるのかを考えてみたい。

キャリアについて考える際に、キャリアとは何かを明らかにすることが必要であろう。キャリアにピタリと当てはまる日本語はあまりないと言われる。キャリア（Career）は中世ラテン語のCarraria（馬車の通った車輪の跡：轍）が語源であるという。

日本キャリア教育学会が編纂した『キャリア教育概説』では、キャリア教育の問題を考える前提として、キャリアについていくつかの考え方を紹介している。まず文部科学省の定義付けが紹介されている。同省の「キャリア教育の推進に関する総合的調査研究協力者会議報告書」（二〇〇四年）において、キャリアとは「個々人が生涯にわたって遂行するさまざまな立場や役割の連鎖およびその過程における自己と働くことの関係づけや価値づけの累積」と定義している。この定義はスーパー（Super）の「キャリアとは生涯過程を通して、ある人によって演じられる諸役割の組み合わせと連続」に対応しているとしている。また、組織心理学の分野では「キャリアとは、ある人の生涯にわたる期間における、仕事関連の諸経験や諸活動と結びついた態度や行動における個人的に知覚された連続である」と定義づけている。わかりにくい部分はあるが、これらの定義は個人の生涯を通して演じられる役割（ライフ・ロール）ということになり「ライフキャリア」と言われる。

それに対して神戸大学大学院の金井壽宏は『働くひとのためのキャリアデザイン』の中で、「成人になってフルタイムで働き始めて以降、生活ないし人生全体を基盤にして繰り広げられる長期的な仕事生活における具体的な職務・職種・職能での諸経験の連続と節目での選択が生み出していく回想的意味付けと将来構想・展望のパターン」と定義している。キャリアは職業経験そのものではなく、紆余曲折はあろうとも職業経験が連続することによりその経験から得られるものも含めて自分の轍ができており、その先に自分の進む道も示すものと解釈している。この職業経験を中心とした考え方は、「職業キャリア」と呼ばれる。

キャリアと言うと一方では「生き方」を考える人がおり、他方で職業能力の向上をイメージする人がいる。本来この二つは、矛盾するものではない。職業キャリアの定義の中にも、「人生全体を基盤として」の表現が含まれ人生をいかに生きるかにおいての職業の意味を考えているのであり、ライフキャリアの定義の中にも「生涯にわたって遂行する」の表現がみられる。キャリアは立場や役割ではなく、個々人に形成されるものである。

前掲の『キャリア教育概説』では、キャリアの意味を理解することに関し次のように結んでいる。「キャリアの意味を理解する上でキャリアの原義である「轍」は興味深い。轍はこれまでの道筋を示すとともに今後へと向かっている。キャリアは単なる連続や累積ではなく、それをどう生かすのか、どう発展させるか、どう修正していくのかといった将来展望の意味を内包する。将来展望によって過去を再構成し、現在をコントロールすることが、キャリアに含まれている。だからこそキャリアは選択されるのであり、形成されるのである」。振り返ったときそこに残っている自分の轍は、どのような経緯で、どのような考えのもとに繋がってきたのか、これからどの方向に進もうとしているのか。キャリアは、自分でプランを立てて出かける旅に似ている。キャリアは個々人のものであるから良い、悪いは存在しない。満足感も人により違いがあってよいであろう。どこに行くにせよ旅の満足感を高めるには、準備はしておいた方が良い。情報は収集しておいた方が良い。トラブルも想定しておくにこしたことはない。キャリアデザインは人生という旅のプランを立て準備をするようなものと考えられないであろうか。

四　若年者におけるキャリアデザインの必要性

キャリアデザインが人生という旅の準備をするようなものと考えるなら、次のような意見が出てくるのではないか。「キャリアは長期にわたることであるから、不確実性が高くデザインの仕様がない」。「何が起こるかわからないので準備をしても無駄で、偶然に身を任せた方が良い」。果たしてそうであろうか。

前述の金井は、いつもキャリアのことを考えて過ごす必要はなく、人生の節目、分岐点において良く考え間違いの無い選択をすることが必要なのだと説いている。この分岐点をキャリアのトランジションという。若年者において高等教育機関への進学や初職を選ぶ就職は、大きなトランジションである。そしてその後も結婚、出産、昇進、転勤、転職、子どもの進学、病気療養、自身の問題や家族の問題など、何度もトランジションは現れ、選択が必要になる。キャリアについて考え準備している人は、自分が遭遇しているライフイベントがトランジションであるという認識に立ち、間違いの無い選択ができるという。このようにいくつかの選択をしながら自分の轍が残っていく。自分を取り巻く環境や社会での役割が、年を重ねるごとにどのように変化していくのかを認識することも、トランジションの選択には必要になる。

人は誕生後、乳幼児期、青年期、成人期と成長し老年期を迎えていく。成長の過程でその時期にふさわしい適応能力を身に付け、社会との相互関係を保ちつつ自分らしい生き方を模索し、実現していく。これがキャリア発達である。キャリアは一人だけの生き方ではなく、社会の中で自己の立場に応じた役割を果たしていくことで形成される。社会の中での役割を果たすにしても、すべての人が同じように果たすわけではない。その時々の自分にとっての重要性や価値観によりどのように果たすかも異なり、社会の中での自分らしい生き方を、模索しながら成長していく。

スーパーは、人生におけるさまざまな役割をライフキャリア・レインボーという図（図１－４）にまとめ示している。この図を見ると人生の中で労働者・就労者として過ごす時間の長いこと、また平均寿命が延びていることから、退職後の時間もかなり長いことがわかるであろう。現在のような社会保障制度が維持されるならば、少子化の進展は自らの老後に影響を及ぼし、やがて訪れる老いに対する準備として、体力、経済力、職務能力の蓄積が青年期、成人期を通して重要になるであろう。

このようにキャリアには、線としての連続性と面としての幅があるようだ。では自分のキャリアをデザインする場合に、どこから取り組めば良いのであろうか。

マサチューセッツ工科大学のエドガー・シャイン（Edgar H. Schein）は、次の三つの問いについて内省することが、キャリアについて考える基盤になると述べている。まず手始めに、次の三つの問いに答えることから始めてみてはどうであろうか。

①自分はなにが得意か。

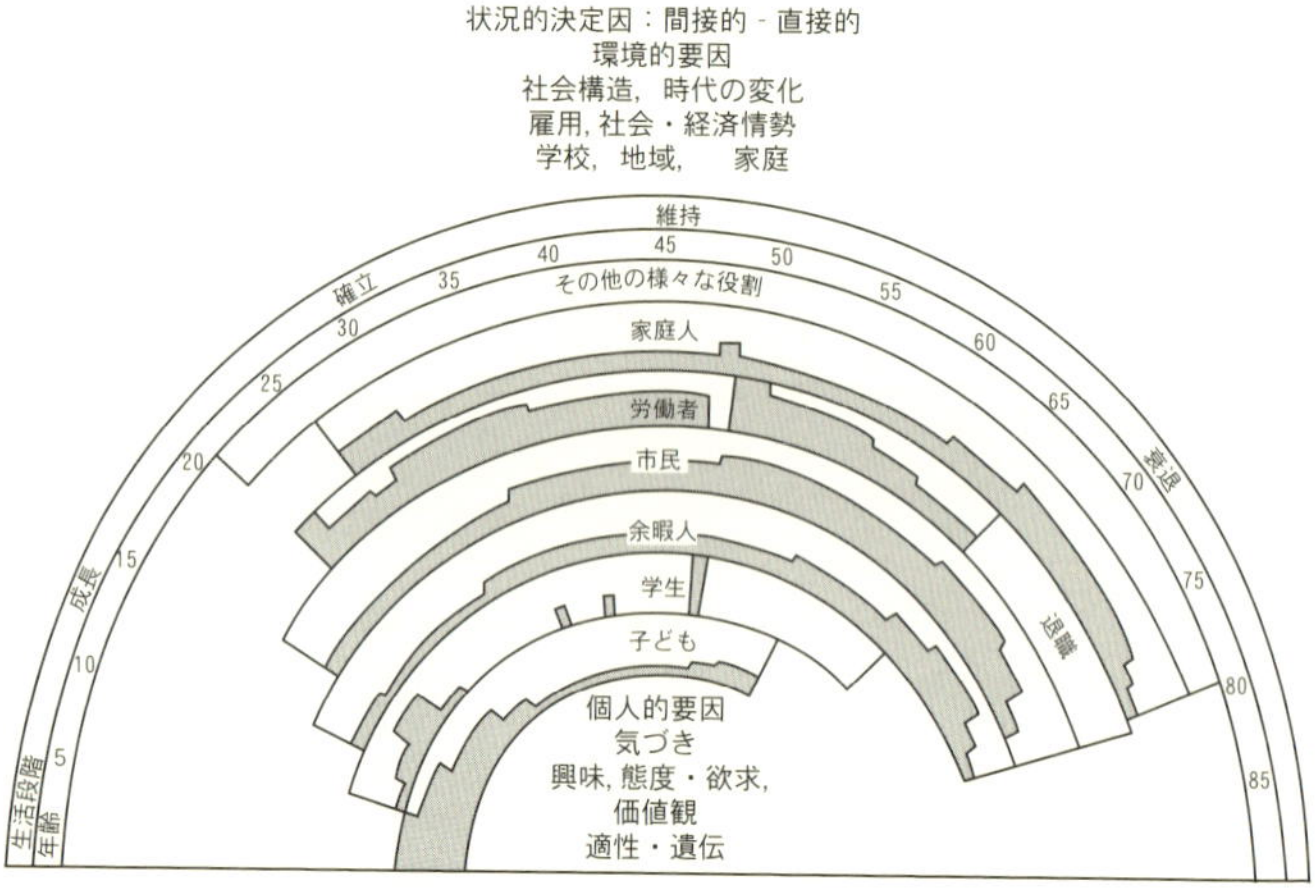

図1－4　ライフキャリアレインボー

資料：Super,D.E. 1980 "A life-span, life-space approach to career development," *Journal of Vocational Behavior* 16　p.289.

出所：三村隆男『キャリア教育入門――その理論と実践のために――』実業之日本社，2004年，p.41より筆者作成.

②自分はいったいなにをやりたいのか。
③どのようなことをやっている自分なら、意味を感じ、社会に役立っていると実感できるのか。

福井県立大学の一年生が保護者の方を中心に「働くことの意義」をインタビュー調査した。その結果、「働く目的」については多くの保護者が「家族を養う収入を得るため」と回答したが、仕事を継続するために重要な要素となる仕事のやりがいは、従事する職種や立場によって大きく異なっていた。製造業の技術者は「物づくり、完成の喜び」と回答し、営業・販売職は「お客様からの感謝」と答え、医療・教育従事者は「患者さんの快復、生徒の成長」と語った。管理職や経営者の立場の保護者からは「部下の成長、組織の目標達成」がやりがいであるという回答が多く寄せられた。

このように個人の生き方、働き方により得られるもの、社会への役立ち方はさまざまである。長い人生を生きることも、働き続けることも大変であるからこそ③の考え方が一番重要なのかもしれない。

若い時期にキャリアのデザインをを考える場合に、自分の将来図を描くわけではない。将来は成長に伴い、いろいろな形に変化しさまざまな可能性が生まれ、ときには消滅していくのであろう。キャリアをデザインするとは、図面を描くことではなく、どのような図を描くかその基本となる考え方を持つことに他ならないのではないであろうか。

おわりに

若年者の就職難、失業率の高まりや非正規雇用者の増加の根本的原因は、景気の低迷といった一時的なものではなく、日本の雇用システムにあるとの指摘が多い。日本型雇用システムに揺らぎが生じ、その皺寄せが若年者に多くもたらされているとすれば、早急にその対策を立てることが必要になる。学卒時の非正規雇用率が高いとその世代の非正規雇用率は何年も高いままに推移することが指摘されている。これまで新卒一括採用の方式が維持され、転職市場が発達していないことがその一因であるという。非正規雇用者がその後の人生において不利にならないような政策の実施や、転職市場の整備が早急に求められるであろう。

同時に、若者自身も自分の人生や職業生活について、早い時期から考える必要があるのではないか。長期雇用や年功賃金を前提とした就職であれば、キャリア形成は就職先である企業や団体にゆだねられていた面が強い。この前提が必ずしも保証されない現状では、自らがキャリア形成に向き合う必要がある。キャリア形成に向き合うことは、必ずしも人生の生き方を決めること、志望する職業を早期に決めることではない。

高校生や大学生に将来の方向を尋ねると、「決まっていない」と答える生徒・学生が多い。「〇〇になる」という志望を明確に持つことだけが将来の方向だと思い込んでいるようである。現在の日本は進路に関する選択肢や情報が無数にあり、それが却って若者が自分の将来を選びにくくし、選択をためらう状況を作り出しているようにも思える。

福井県立大学地域経済研究所の中澤孝夫所長は『就活のまえに』の中で、「人間というのは、便利というか、器用というか、何にでも向いている、というか何でもできてしまうもの」なのだと述べている。そして若い時に必ずしも適職を探せなかったり、職場での人間関係がうまくいかなかったりなどの理由で転職するのもありうると続けている。

キャリアという言葉が盛んに唱えられる昨今において、この言葉が却って若者の不安を増長させている感もある。「〇〇になる」という志望を明確に持つことは良いことであるが、こういうことを大切にする生き方、働く上でこれだけは譲れないという考え方を持つことでも、最初は大丈夫である。確固たる志望を持っていなくてもキャリアを模索できる自分の軸を見出し、躊躇せず前に進み出せばよいのではないであろうか。キャリアは歩んできた行程であり、その後に轍が残り、自分の足跡がまた将来を指し示してくれると期待し一歩を踏み出してみてはどうか。

注

（1）就職内定率として発表される数字は、通常、就職内定者数を高校・大学の卒業年次の就職希望者数で割ったものである。

（2）日本労働組合総連合会のこと。一九八九年に結成された日本の労働組合の中央労働団体で、加盟組合員は約六八〇万人といわれる。

（3）所定内給与額とは、毎月支払われる給与から超過労働手当等を除いた給与のことで、基本給、職務手当、通勤手当、家族手当等が含まれる。

（4）厚生労働省発表の雇用統計（二〇一一年）による。

参考文献

海老原嗣生『就職、絶望期――「若者はかわいそう」論の失敗』扶桑社（扶桑社新書）、二〇一一年。

海老原嗣生『就職に強い大学・学部』朝日新聞社出版（朝日新書）、二〇一二年。

金井壽宏『働くひとのためのキャリア・デザイン』PHP研究所（PHP新書）、二〇〇二年。

児美川孝一郎『若者はなぜ「就職」できなくなったのか?――生き抜くために知っておくべきこと』日本図書センター、二〇一一年。

中澤孝夫『就活のまえに――良い仕事、良い職場とは――』筑摩書房（ちくまプリマー新書）、二〇一〇年。

三村隆男『キャリア教育入門――その理論と実践のために――』実業之日本社、二〇〇四年。

日本キャリア教育学会編『キャリア教育概説』東洋館出版社、二〇〇八年。

第2章

フリーター（非正規雇用者）を選ぶことの危険性

友だち作りは意外に大変

キャリアを制する者はキャリアセンターを活用する

はじめに

テレビ番組のインタビュー等で職業を問われ、「フリーター[1]」と答える若者が増えている。フリーターが職業として認識されているのか、疑問に思う方も多いであろう。

「フリーター」という言葉は、一九八七年に株式会社リクルートが発行する求人雑誌『フロム・エー』の中で社会人のアルバイト従事者を、フリーとアルバイターをつなぎ合わせ「フリーター」と命名したのが最初であると言われている。二〇〇三年版「国民生活白書」(内閣府)では、「一五歳から三四歳の若年者(ただし学生と主婦を除く)のうち、パート・アルバイト(派遣等を含む)としての就労者および働く意思のある無職の人」と定義している。フリーターは非正規雇用者のうちで若年者を指すと考えれば良く、定義から考えると職業とは言い難いであろう。インタビューで職業を問われ「フリーター」と答えるように、昨今、若年者において非正規雇用者いわゆるフリーターとして就労する人々が増加している。「国民生活白書」によるとフリーターの数は二〇〇一年時点で四一七万人に達しており、大きなグループになっている。

日本においては長い間企業は長期雇用を前提として新卒者を採用し、雇用した人を企業内で教育・育成し、勤続年数に伴い賃金が上昇するという日本型雇用システムを維持してきた。しかしながら、一九九〇年代以降日本経済は大きな環境変化にさらされ、労働市場にも大きな変化が生じている。そ

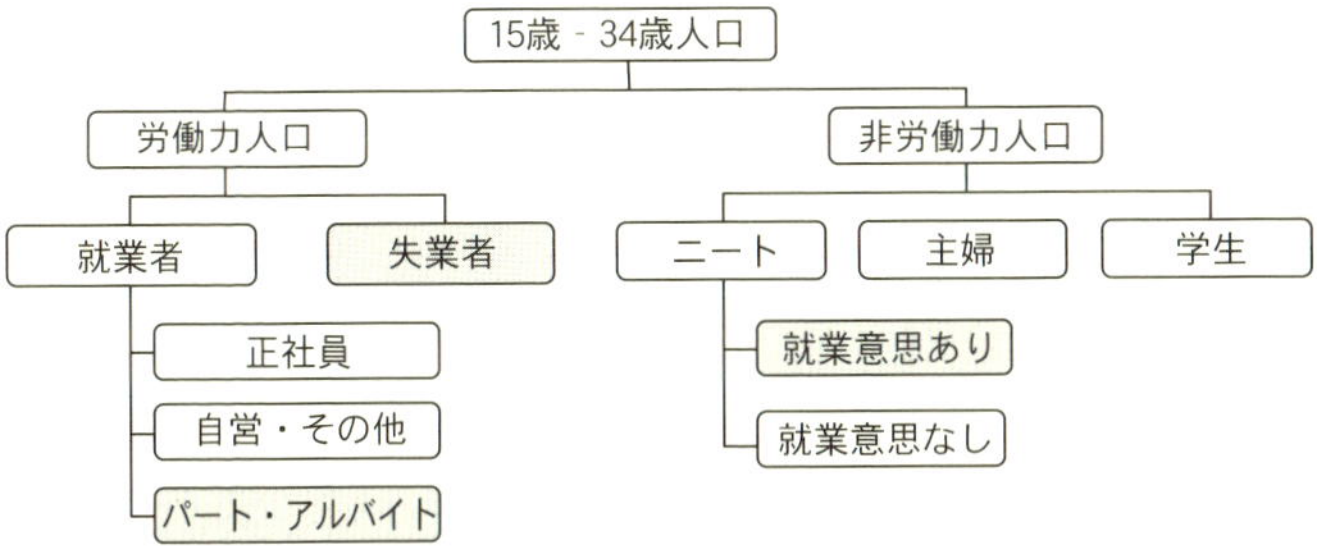

＊ ░░ がフリーターと呼ばれる層である

図２－１　内閣府「国民生活白書」によるフリーターの定義

出所：内閣府『国民生活白書』(2003年度版）より筆者作成.

の変化の一つが非正規雇用者の増大であり、二〇〇三年以降は雇用者の三割を占めるようになっている[2]。特に非正規雇用者の増大は一五歳から二四歳層、二五歳から三五歳層の若年者に顕著に表れている。二〇〇八年の一五歳から二四歳層の非正規雇用者いわゆるフリーターは、労働力調査によれば四〇%を超えている。

　フリーターの増加や長期化は、職業能力が育成されず正社員としての転職が困難になるほか、生涯収入の減少、婚姻率の減少が少子化に拍車をかけ、社会保障の基盤も揺るぎかねない等さまざまな問題を生み出す可能性がある。彼らはなぜ、フリーターという働き方を選ぶのか、この章ではフリーター増加の原因を考え、正規雇用の職を得にくい要因を探っていく。その上で、フリーターの増加を防ぐにはどのような解決策があるのかを考えていきたい。

一　フリーター増加の現状

なぜ企業はそれまでの正社員中心の雇用から、非正規雇用者を増加させたのであろうか。これには大きく三つの要因が考えられる。一つ目はバブル経済の崩壊以降、長期の景気低迷で企業経営が悪化したことが挙げられる。同時に円高等国際競争力の悪化が企業の成長に対する不確実性を増すことになった。市場経済の不確実性を背景に、長期雇用を前提とせず実質的に雇用調整がしやすく、なおかつ相対的に賃金が安い非正規雇用者を企業は積極的に活用するようになった。二つ目にＩＴ化の進展で企業内の仕事の内容や必要とする人材に変化が生じた事が挙げられる。ＩＴ化の進展が仕事の定型化を通してパートや派遣社員等の非正規雇用者の活用を促すことになった。三つ目に労働基準法や派遣労働者法の改正など、企業が非正規雇用者を活用しやすいような法改正が行われたことも非正規雇用者の活用に結びついたと考えられる（小杉礼子『非正規雇用のキャリア形成』）。

フリーターという言葉が生まれた当初、「やりたいことが見つからない」「自分の夢を追うための一時的な仕事」「楽に正社員と変わらない収入を稼げる」等、若者の意識の問題、モラトリアムと捉えられていた。この時期のフリーターを「バブル期フリーター」と呼び、現在のフリーターと分けている場合もある。バブル経済の時期においてはアルバイトの時給は上昇し、アルバイトでも生活は可能で、企業の採用意欲も高いのでその気になればいつでも正社員になれると甘い考えを持っていた。そ

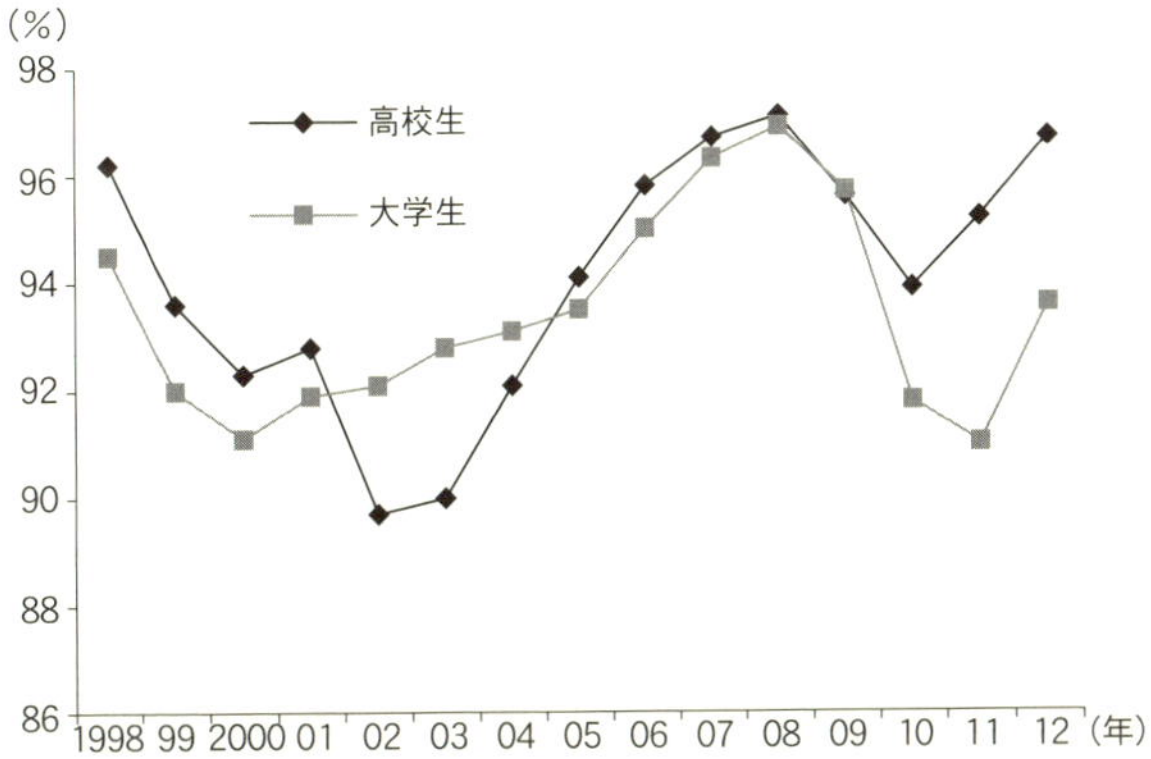

図２－２　高校生・大学生の就職内定率

出所：厚生労働省「職業安定業務統計」(2012年) より筆者作成.

の後企業は新卒者の採用を抑制し始め、就職氷河期と言われる時代が始まる。正社員としての職を得られなかった高卒者、大卒者はアルバイトや派遣労働者の職を選ぶか、未内定者として就職活動を続ける道を選ぶかの選択を迫られた。この時期に生まれたフリーターが「就職氷河期フリーター」であり、当初から正規雇用を望んでいたが職を得られず、一時的な退避労働としてアルバイト、派遣労働を選択している。二〇〇二年の高校卒の就職内定率は八九・七%、大卒の就職内定率は九二・一%（文部科学省「学校基本調査」）であるから、およそ一〇人に一人が卒業時に就職できなかった状況にあった。

　新卒者だけでなく高校・大学の中途退学者や学校・大学の卒業時に正社員として就職したにもかかわらず、就職した後、三年以内の早期離職者も転職後フリーターになる場合が多いことが報告されている。早期離職の場合、十分な職業能力が身についておらず次の正社員の職はなかなか得られない。取りあえずの生活資金を得るために、アルバイ

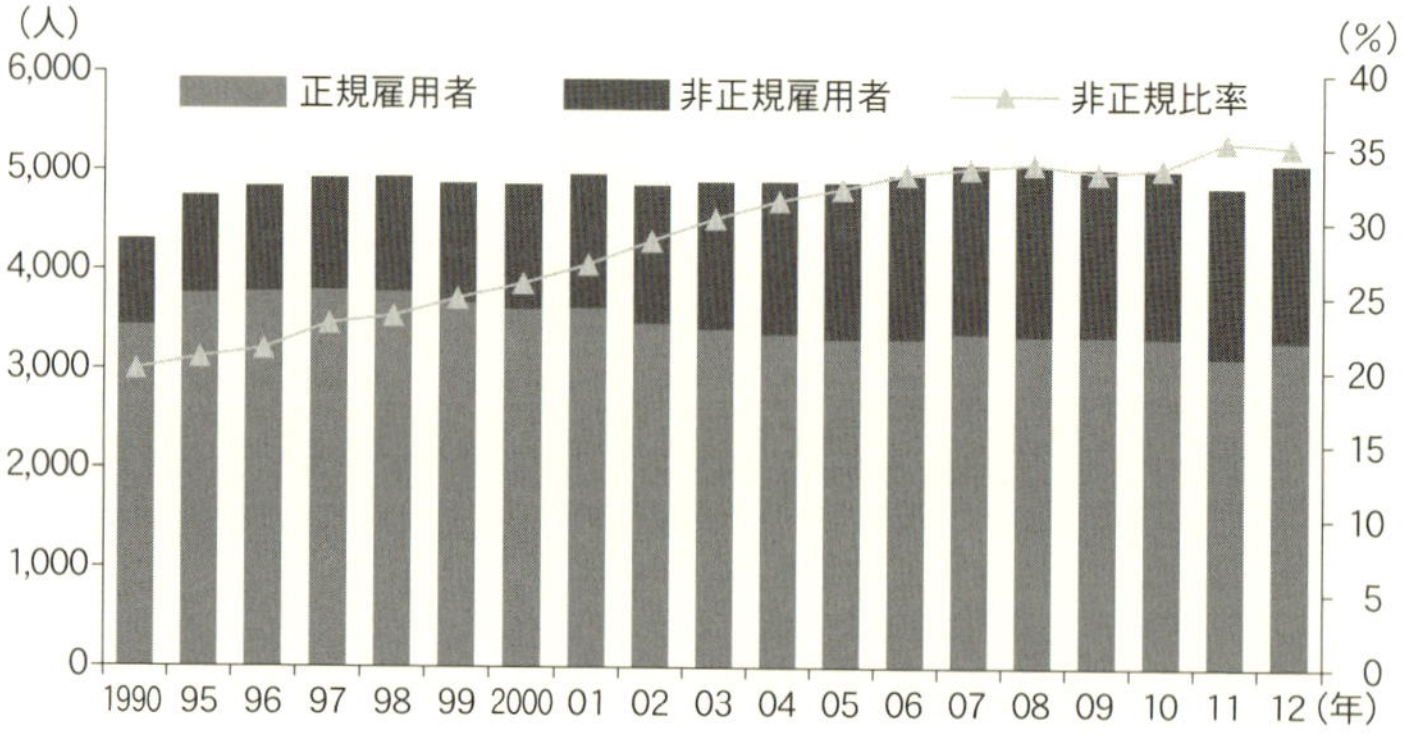

図２－３　正規雇用者と非正規雇用者の推移

出所：厚生労働省「労働力調査」（2012年）より筆者作成.

トや派遣労働者として職につき長期化する傾向がある（若松養亮「フリーターのキャリア移行」）。日本労働研究・研修機構が二〇〇一年に行ったフリーターの意識調査によれば、「職業生活の悩み」として「自分に合った仕事が不明」「就職相談の機会がない」「能力・適性が不明」「希望の就職先がない」などが挙げられ、正社員としての就業の希望はあるものの支援の枠組みから取り残されている様子が浮かんでくる。

フリーターの増加は、若者個人の問題と考えず社会がいかに支援していくかを考える必要があるであろう。

二　フリーターの職業キャリア形成

職業キャリアは職場においてどのように形成されていくのか。フリーターの場合、職業キャリアの形成が十分に行われず、そのことが正社員としての転職を目指す場合に障害になっていると言われている。総務省「労働力特別調査」（二〇〇〇年）によれば、正社員から正社員へ転職する割合が七〇・六％であるのに対し、パート・アルバイトから正社員へ転職する割合は二四・五％に下がる。この数値の背景には、企業が正社員に求める職業能力や経験がフリーターには蓄積されていないために、正社員としての転職が困難になっているとの指摘がある。

この節では、一般に職業能力の獲得を中心とした職業キャリアと言われているものはどのようなものであり、いつ、どのように形成されていくのかを考えていきたい。更に、フリーターの場合、職業キャリアの形成を阻害する状況が存在するのか、存在するとすればその原因はどこにあるのかを考察してみる。

職務の遂行に必要な職業能力の獲得は、職業キャリアの中核をなすと考えられる。若年者に求められる職業能力については、佐藤博樹が『成長と人材――伸びる企業の人材戦略――』の中で「基本的な職務遂行能力」、「専門知識や技能の習熟度」、並びに「企業・業界特殊性の理解、習得」が重要であると述べている。採用時に企業が求めることの多いコミュニケーション能力などは基本的な職務

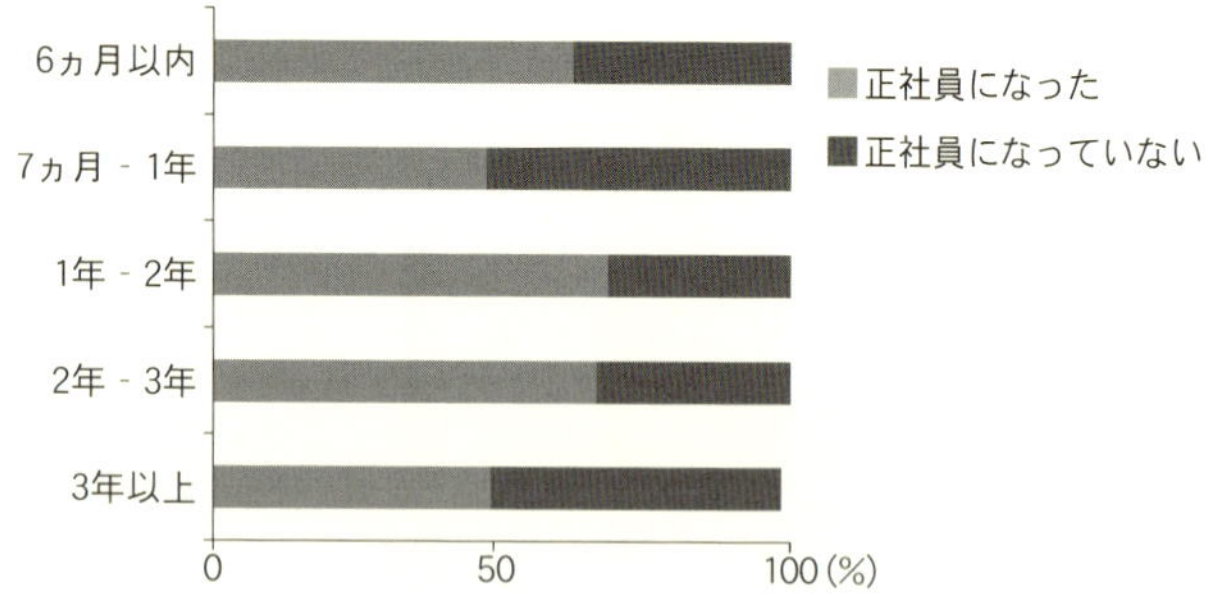

図２－４　フリーターから正社員への転職状況（男性）

出所：総務省統計局「就業構造基本調査」(2011年) より筆者作成.

遂行能力に含まれる。専門知識や技能の習熟はその業務に従事した経験年数により高まり、企業・業界特殊性の理解はその企業での勤続期間の長さに依存するであろう。

職業能力の獲得については、労働政策研究・研修機構の小杉が「若年者の職業生活に関する実態調査」(二〇一〇年) により正社員と非正社員に差があることを報告している。職業能力の形成は就業継続期間と従事する職務の幅や深さにより規定される面が強い。小杉の調査によれば、三五歳以下の男性正社員の就業継続期間はおよそ六年であるのに対して、非正社員の場合約三年と短い。業務経験の幅についても正社員として同じ職場に定着している若年者の場合、六割から七割が「同じ分野の業務を経験してきた」と答えているのに対して、非正社員の場合九割が、「幅広い職務を経験してきた」と答えている［小杉 二〇一〇］。若年者において、正社員の場合は同じ分野の業務の経験を積ませることで、業務遂行力を高め専門性を深めるが、非正社員の場合短期間での職場異動があるために専門性が身につきにくいと言える。

リーマンショック後、登録派遣社員としての契約期間は短期間に移行し、製造業では「一カ月から三カ月」の契約が三三・六%という調査がある。短期間契約の更新を継続する形の就業は初級レベルの業務を担当するに留まる。企業は派遣労働者の採用理由に対し「欠員補充・必要な人材の迅速確保」（七〇・七%）、「一時的な業務量の増大に対する対処」（三五・一%）と答えており[3]、正社員の採用とは分けて考えている。派遣社員を含めフリーターの場合短期間の業務の経験が多くなり、職業能力は蓄積されにくい状況が生まれる。

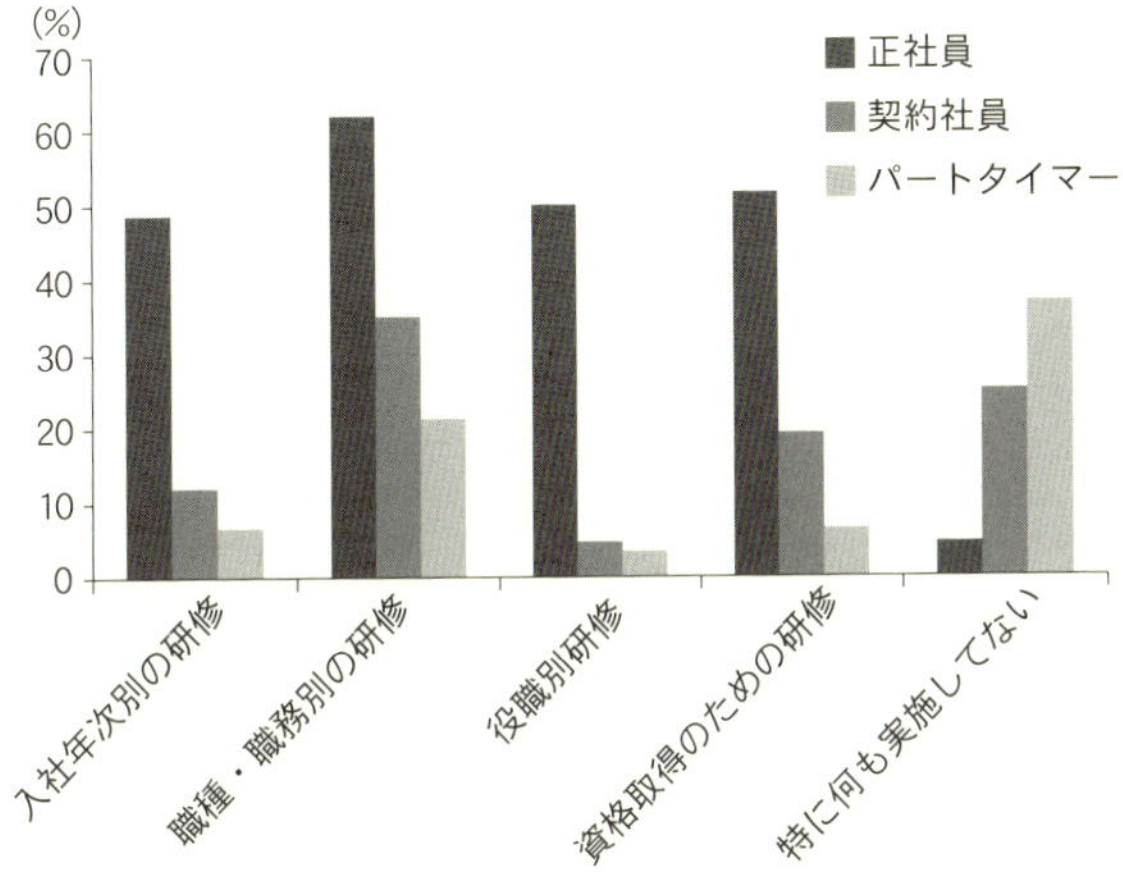

図2－5　雇用形態別教育訓練の実施状況

出所：労働政策研究研修機構「多様化する就業形態の下での人事戦略に関する調査」（2008年）より筆者作成.

東京大学社会科学研究所の佐藤博樹のグループは、派遣社員や請負社員の働き方やキャリア形成の現状について調べ、『実証研究、日本の人材ビジネス』にまとめている。その中で共同執筆者の一人である堀田聡子は、労働者が自分のキャリアを形成しようとする意欲はどこから生じるかについて、最初に就いた職での経験が、

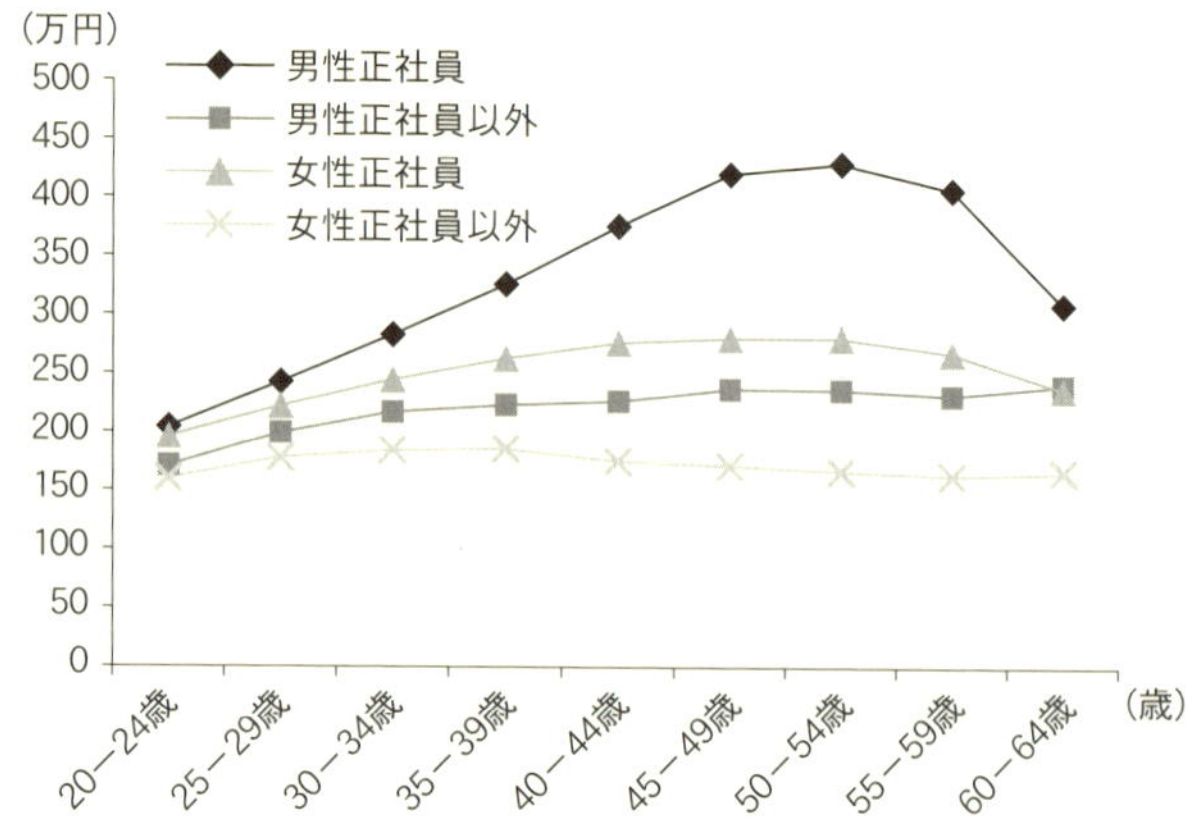

図２－６　雇用形態，男女別賃金格差

出所：厚生労働省「賃金センサス」（2011年）より筆者作成.

その後のキャリア形成に大きな影響を与えると指摘している。大卒新入社員の入社三年後の変化を追跡調査し、「仕事が自分に向いていると感じた経験」「仕事をやり遂げたと感じた経験」「仕事上目標となる人物との出会い」「指導やアドバイスの役割を担うこと」が就業の継続に繋がると述べている。これらの経験は、簡易な業務を担うことの多いアルバイトでは得にくいであろう。派遣社員の中にはコールセンターでの電話対応やプログラム開発などスキルを要求される業務もある。リーダーとなり後輩の指導を行っている派遣社員もいるが、「仕事をやり遂げた経験」「仕事上目標となる人物との出会い」となると機会は限られるであろう。

更に同グループの研究調査では、フリーターの場合、キャリア形成に繋がる教育の機会が少ないことが指摘されている。正社員として就業する場合、入社前教育、新入社員研修、フォロー研修、階層別研修の他、専門スキルの修得、向上等数多くの教育・研修の機会が用意されている。フリーターの場合、アルバイトにしても派遣社員にしても職務に就く際の職場規則の説明やマナー研修程度が実施されるにすぎない（図2－5参照）。派遣社員の場合、教育は派遣元の責任になる。派遣社員の教育に対してコストを負担したくないという理由と共に、派遣先の業務について派遣元が精通しておらず教育することができないという事情も存在している。

このように、フリーターの場合基本的に短期契約を前提としているために、担当職務の範囲も限られ初級レベルの業務を継続する場合が多い。能力向上を図る教育・研修の機会も用意されていない場合が多く、上司等からの指導を受ける機会も少ない。長期間のフリーターの継続は職業キャリアの蓄積を阻み、却って正社員として転職する可能性を低下させていると考えられる。

三　フリーターのライフキャリア

フリーターとしての就労の継続は、若者にとりどのような不都合をもたらすのか。これまでフリーターの問題は個人の生き方の問題、生涯所得の問題として議論されることが多かった。しかしながら一度フリーターになると正社員として転職する機会を得にくくなり、長期化する傾向がある。そこでこの節では個人の収入面、生活面からフリーターの問題を考えていくとともに、フリーターの増加が社会全体に及ぼす影響も考察していく。

フリーターのうちでパート・アルバイトの職についている人の割合は六割弱といわれている。一般的にパート・アルバイトの仕事は単純作業が多く、専門的な知識・技能も必要とされないため賃金水準も低い。厚生労働省「賃金構造基本統計調査（二〇一一年度版）」を基に一五歳から三四歳のパート・アルバイト労働者（短時間労働者）の平均年収を計算すると約一〇三万六〇〇〇円になる。それに対し一五歳から三四歳の標準労働者の平均年収は約三四九万八〇〇〇円になり、その賃金格差は二四六万二〇〇〇円、約三・四倍になる。年功型賃金はほころびを見せているものの、正社員の場合五〇歳前半まで賃金の上昇がみられる。高校卒業後同一企業に継続して勤務すると仮定すれば、二〇一一年の賃金を基に計算するとおよそ六〇歳までの生涯賃金が一億九九四〇万円（大卒の場合は二億五三一八万円）になる。

パート・アルバイトの六〇歳までの生涯年収を厚生労働省「賃金センサス」(4)に基づいて計算すると、男性が約四九九〇万円、女性が四七九七万円となる。男性で比べると生涯賃金格差は、約四倍、約一億四九五〇万円の差がつくことになる。派遣労働者の場合は、勤務時間は多少長くなるが手取りの時給は一〇〇〇円から一三〇〇円が多いことが報告されており、契約期間が途切れることを考えると生涯収入はそれほど高くならないであろう。この収入では、独立した生計を営むことは難しくフリーターの多くが、親と同居している。

次に社会を維持する税負担の面から考えてみよう。二〇〇四年にＵＦＪ総合研究所が行った試算によると、二〇歳から三四歳までのフリーターの住民税は年間約一万一八〇〇円、それに対し二〇歳から三四歳までの正社員の住民税は年間約六万四六〇〇円になる。二〇〇四年のフリーターの年収は約一一八万五〇〇〇円、正社員の年収は三九二万円であるから現在はもう少し少なくなるであろう。同様に所得税はフリーター一万二四〇〇円に対し正社員一三万四七〇〇円になる。消費税はどうであろうか。同研究所は、フリーターは年収が少ないので可処分所得を一〇〇％とし、正社員の可処分所得を七六・九％として計算している。フリーターの消費税は年間約四万九〇〇〇円、正社員の消費税額は年間約一三万五〇〇〇円となる。住民税、所得税、消費税を合わせた一人当たりの納税額を算出すると、フリーター一人当たりの平均納税額は年間約六万八〇〇〇円、正社員の平均納税額は年間約三三万円となる。現在はこれに東日本大震災の復興増税分が加わり、消費税率が二〇一三年から八％になることが決まっている。現在フリーターの人たちが正社員として転職する機会を得ることが厳しい現実において、今後年収の伸びによる税収の増加は期待しにくい状況が生まれるであろう。

税収のみならず、消費支出においてもフリーターと正社員では差が生まれる。収入の少ないフリーターは収入のすべてが消費されると考え、可処分所得を一〇〇％と仮定するとフリーターの年間の消費総額は一〇三万六〇〇〇円になり、正社員の可処分所得を七六・九％と仮定すると年間の消費総額は二六九万円となる。フリーターが増加し消費額が伸びないことは、経済環境を悪化させることに繋がっていく。

将来の年金受給額は、どのように予想されるであろうか。フリーターの場合は、老齢基礎年金だけになり、保険料を二五年以上納付して受給資格を満たすことが条件になる。老齢基礎年金は保険料納

表2－1　フリーター増加による社会の損失

	正社員	フリーター
生涯賃金	2億1,500万円	5,200万円
住民税	64,600円	11,800円
所得税	134,700円	12,400円
消費税	135,000円	49,000円
消費額	289.2万円	103.9万円
年金受取額	（月額）146,000円	（月額）6,6000円

出所：ＵＦＪ研究所調査（2004年）より筆者作成.

付が四〇年の場合満額支給される。現在の支給額は単身者の場合、月額六万六〇〇〇円で四〇年納付したとしても最低限必要な生活資金が確保できるに留まる。二〇代前半の国民年金対象者には未納者が多いと言われ、二〇一二年三月末の国民年金保険料の未納率は四二・〇%に上る。このような状況では、将来の未受給者が増加することが懸念されている。

フリーターの増加や長期化による経済的損失について、ＵＦＪ総合研究所は次のように試算している。フリーターが正社員になれないことによる税収の損失は、住民税が約二四〇〇億円、所得税が約五三〇〇億円、消費税が四四〇〇億円（いずれも二〇〇一年価格での換算）、これらを合計すると一兆二一〇〇億円になる。次にフリーターが正社員になれないことによる消費の損失額は、約八兆八〇〇〇億円（二〇〇一年価格）になる。現在のところ親世代と同居しているフリーターが多いと推測され、住居、光熱費、食費等の基礎消費は親世代に依存している割合が多いであろう。

しかしながら、今後結婚し家族を増やし消費を拡大することを期待される若者が、十分な所得や貯蓄を保有していないとすれば、社会に大きな影響を与えるであろう。実際、男性の場合正規雇用者であるか、非正規雇用者であるかであるかにより結婚経験に大きな差が生じている。厚生労働省の第九回「二一世紀成年者縦断調査」（二〇一〇年一一月実施）によれば、正規雇用者の場合三一―三五歳の男性は四三・三％が結婚経験を有しないが三六歳以上になると二五・三％に下がる。晩婚化、非婚化が心配される中で、正規雇用者の四人に三人は三〇代半ばまでに結婚している。これに対し、非正規雇用者の場合三一―三五歳の男性は六四・五％が結婚経験を有せず、三六歳以上でも四五・九％と独身でいる割合が高い。フリーター、非正規雇用者の増加、長期化は少子化を加速化する原因の一つといえよう。

四　フリーターから正規雇用者への転換

フリーターから正規雇用者への転換はどのようにすれば可能なのか。筆者が相談を受けた二人の場合を例にして考えてみよう。

K・Kさん（男性：以下Kさん）は国立大学で有機化学を専攻した。大学卒業時にある企業に内定していたが、交通事故に遭い半年近い入院生活を送ったために就職の機会を逃してしまい、リハビリとアルバイトをしていた。真面目だが大人しく、やや積極性に欠けるところがある。就職氷河期と言われる時代に、職務経験もなく正社員の就職先は見つからなかった。そのようなとき、行政機関が主催した「若年者の就職支援セミナー」に参加する。一週間のコースで、座学と個別の相談、その後希望者は一週間の企業実習を受けられる。Kさんは繊維関連の製造業で実習を行った。実習中は、指示された仕事だけをするのではなく、「他に何かすることとありますか」「これもしましょうか」ととにかく積極性を見せアピールするようにとアドバイスした。実習中に頑張って積極的に行動したKさんは企業側に認められ、入社することになった。当初一年間は契約社員、その後仕事ぶりを評価し正社員への転換を考えるという条件であった。

Kさんは大学での専攻を考慮され、検査部門に配属された。当初は業務の遂行に対し不安が大きかったが、「わからないことは聞けばいい」カウンセラーの励ましを受け勤務が始まった。上司や営業担当者に厳しいことを言われながら、徐々に仕事を覚えていった。一年経ち、真面目な仕事ぶりは評価されたものの準社員という形で契約が更新された。準社員であっても仕事を任され、給料も正社員並み、賞与も支給された。正社員と変わらない職場環境に満足し、このままこの職場で仕事を続けたいと思っていたときに、リーマンショックによる製造業の減産が襲った。一時的にラインも止まり、会社はKさんだけでなく、契約社員の契約の更新をしなかった。非正規雇用者は環境変化に対し正規雇用者よりも職を失うリスクが数倍高い。

退職を余儀なくされたKさんは、雇用保険を受給しながらハローワークに通い、職探しをした。半年後、化学関連の製造業に採用された。入社後半年間は、契約社員として就業し、働きぶりを見てその後正社員として採用するかどうか決めるという条件であった。「前の職場では、待遇に甘えてしまい自分から積極的な行動に出なかった。自分は会社にとってどうしても必要な人材ではなかった」とKさんは振り返る。半年後、正社員として正式に採用され今もその会社で就業を続けている。フリーターの場合Kさんの例のように、当初は有期の契約社員として採用され、働きぶりを見て正社員としての採用を決める場合は多くある。新入社員として当初から正規雇用になることに比べ、待遇面での不利益が生じてくるが乗り越えることにより、正規雇用者の立場を獲得できる。

Kさんがフリーターから正社員として転職できたポイントはどこにあるのか。行政機関の就職支援講座を利用し、キャリアカウンセラーの支援を受けながら就職活動を行ったことであろう。最初の就職に際しては大学での勉強が評価された。リーマンショックというアクシデントに見舞われたが、正社員に近い職務経験を積んだことで、二回目はそれほど苦労せず正社員としての転職に成功している。

もう一人の例を紹介しよう。

Y・Mさん（男性：以下Mさん）の場合は、正社員として勤務していたものの、退職してフリーターになったケースだ。東京のＩＴ関連の企業で約一〇年間、ＳＥとして経験を積んだ。仕事のストレスから体調を崩し、出身地である中部地方に戻った。どのような仕事を探したらいいのか迷ったMさんも、行政機関が主催するフリーター向けの就職支援セミナーに参加した。セミナーの終了後ソフト開発の企業で実習を行った。実習先からぜひ入社してほしいと嘱望されるが、ＳＥの仕事には就きたくないと断った。カウンセリングをしても何か以前の職場のストレスから抜け出せないようで、アルバイトで事務的な仕事をしたりして二、三年が経過した。その後ある研究機関での研究補助の仕事に就いた。仕事や職場環境には魅力を感じていたようだが、育児休業の職員の代理ということで期間は限られていた。Mさんは大学時代に教員免許を取得していた。研究所勤務の契約期間が終わりに近づいたころ、高校時代の先生から高校で非常勤講師を探していると連絡があり、筆者のところに相談に来た。「教師の経験がないので、自信がない」「非常勤講師だと身分が不安定になりそうで心配だ」と、仕事に魅力を感じながらも一歩を踏み出せない不安を抱えていた。「教えることは事前にしっかり準備すれば、それほど難しくない。社会人の経験があれば教えられる」「時間数が多いので、今より収入は増加する。非常勤の経験を持って次に正職員を目指せばよい。一段上がれば、次のチャンスが必ずあるから」とアドバイスした。

一年間、非常勤講師として勤務しその後その高校で正職員になることができた。「授業だけでなく、生徒の指導がいろいろ大変だけど……」とMさんは言う。面倒見の良い先生のようだ。Mさんが正社員への転職を成功させたポイントはどこにあるのか。やはり初職での一〇年間の職務経験であると思われる。転職の場合、同じ業種、職種への転職は比較的容易であるが、異なった職種に転職する場合も前職の職業経験は生きてくる。基本的な職務遂行能力は同じと考えられることに加え、ＩＴに強いＭさんは高校側にとっても魅力である。もちろん教員免許という資格が決め手になったことは言うまでもない。機会があれば資格を取っておくことは、時に将来の保険ともなる。

おわりに

フリーターの増加が問題となった当初、若者のわがまま、夢追い、モラトリアムといった若者自身に問題があるとの見方が多かったように思う。大人になれば自分の将来を考え正規雇用者を選択し、自立するであろうという考え方である。フリーターとして働く若者の多くは、正規雇用者として就業したいという希望を持っているが、正規雇用者としての就業機会を得られない場合が大半である。その理由としては、高校、大学を中途退学した場合や、学卒時に正規雇用としての就業を得られなかった場合に、就職や将来について相談する機会が得にくいこと、その結果自分の適職や将来の方向がわからずフリーターを続けていくことが考えられる。また、フリーターとしての就業は、教育研修を受ける機会が正規雇用者に比べ少なく、業務内容も比較的簡易なものに限られるため職業能力が蓄積されにくく、経験を求める正規雇用者として転職が難しくなる。

今後フリーター問題は解決されるのであろうか。この問題を考える場合に二つの視点が必要になる。①フリーターは若い時期だけの問題でやがて正規雇用者としての職を得ることができる。②経済環境が好転し、企業や団体が新卒者や中途採用者の正規雇用者を増加させ、今後新たなフリーターが発生しない。

まず、①について考えてみよう。第三節で述べたように、フリーターは職務経験の面からも教育・研修機会の面からも職業キャリアが蓄積されにくく、企業が中途採用者に求める職業能力や経験が不足しているため、正規雇用者となるのはかなり厳しい現実がある。特に年齢が高いフリーターの場合、正規雇用者へのハードルはより高くなる。

②の場合はどうか。円高の定着、製造業の海外への生産拠点の移転、少子高齢化による国内市場の

縮小等、今後企業が正社員の採用を増やす条件は見つけにくい。公務員の採用も抑制が続くであろう。厚生労働省は、各地のハローワークにジョブサポーターを配置して新卒者の就職を支援しているが、今後も新たなフリーターの発生が続く可能性は大いに存在している。

現在のようにフリーターが賃金の上でも、職務能力の向上の面でも、社会保障の面でも正規雇用者と比べ多くのハンデを持つ限りにおいては、個人の生涯収入の面でもライフプランの面でも、不利益を持ったまま年を重ねることになる。フリーターの長期化は税収や消費額も低下し今後の社会環境が維持できない不安が生じるであろう。

この問題を早急に解決することは難しいかもしれない。しかしながら若年者の失業率が高くなっている現状、若年者の非正規雇用率が増加している現状をまず認識することが、必要であろう。国際大学の宮本弘暁や法政大学の近藤順子は共に、従来の日本型新卒一括採用のシステムに問題があると指摘し、労働力が円滑に移動できるシステムを構築することが必要だと述べている。さらに、努力すればやり直しのきく社会の実現が若年雇用問題の解決には不可欠であると結んでいる。(5)

システムの構築と共に、若者が早期から自分の将来を考え、厳しい時代においても働く場を得ることができ、継続する力を育成することが必要であろう。このような背景からキャリア教育の必要性が唱えられてきたのかもしれない。

注

（1）最近の労働統計等ではフリーターという言葉を使用せず、非正規雇用者に統一している傾向がみられるが、本章では若年者の非正規雇用の問題点を論じているので、わかりやすくするためにフリーターの言葉を使用する。
（2）総務省統計局「労働力調査」による。二〇一一年の同調査では労働者の三四・五％が非正規就業であり、その内の一七・五％が一五歳から三四歳である。
（3）厚生労働省「派遣労働者実態調査」（二〇〇八年）による。
（4）厚生労働省が実施している「賃金構造基本統計調査」のこと。センサスとは、特定の社会事象について、一斉に行われている全数調査を意味する。
（5）法政大学准教授　近藤順子　日本経済新聞七月四日掲載「経済教室　若者の雇用をどう増やす　中」　国際大学准教授　宮本弘暁　日本経済新聞七月三一日掲載「経済教室　若者の雇用をどう増やす　下」

参考文献

小杉礼子・原ひろみ『非正規雇用のキャリア形成』勁草書房、二〇一一年。

佐藤博樹・玄田有史『成長と人材――伸びる企業の人材戦略――』勁草書房、二〇〇三年。

佐藤博樹・佐野嘉秀・堀田聡子編『実証研究日本の人材ビジネス』日本経済新聞社、二〇一〇年。

若松養亮「フリーターのキャリア移行」『フリーターの心理学――大卒者のキャリア自立――』世界思想社、二〇〇九年。

第3章

高校生・大学生の就職状況と就職活動

企業を選ぶ学生，学生を見抜く企業

人気企業は列に並んで

はじめに

就職氷河期と言われる時代が続いている。厳しい雇用情勢の下、就職年次の高校三年生、大学四年生にとっては就職活動が長期化し、希望する企業や職種への採用がかなわないことも多くなっていると聞く。大学生にとっては就職活動の交通費、宿泊費も負担となり、勉学への影響も大きく、時間的、精神的な負担を学生に強いている。

一部の大手企業に何万人、何千人という応募がある一方で、中小企業には応募者が少ないというミスマッチの状況が指摘されている。また入社した後で早期に離職する若者の割合は、高止まりしたままである。早期の離職は職業能力が身に付いておらず、その後アルバイトなど非正規雇用者になる危険をはらんでいる。買い手市場と言われ優秀な人材を採用できると思われているが、企業側からは採用した学生について就業意欲の不足やコミュニケーション能力、ストレス耐性の低下を嘆く声が聞こえてくる。企業が求める質的な面でもミスマッチが生じていると言えよう。

就職氷河期と言われる状況はなぜ生じたのか。今後改善される見込みはあるのか。雇用情勢が厳しい中で、学生の志望が偏るというミスマッチが生ずる原因はどこにあるのか。ミスマッチが解消されれば、若者の就職状況は改善されるのか。そのためにはどのような就職支援が必要なのか。本章ではまず、高校生、大学生の就職状況の変化を概観し、就職氷河期と言われる状況がなぜ生じているのかを考える。さらに就職活動や高校生、大学生に対する就職支援はどのように行われているのかをみていく。その中でどのようなミスマッチが生じているのか、生じているとすればその原因はどこにあるのかを探る。その上で高校生、大学生に対する就職支援のあり方を考えていきたい。

一　高校生の就職状況と就職活動

文部科学省の学校基本調査によれば、二〇一二年三月末における高等学校卒業者の就職内定率（就職者の就職希望者に対する割合）は、九四・八％で前年同期から一・六ポイント上昇した。特に北陸三県の就職内定率は高く、福井県九九・五％など上位三県を北陸地方が占めている。北陸地方を見るとほぼ全員が就職できる状況であるが、全国的には約五％の高校生が、就職先がないまま卒業し社会に出てゆくことになる。少子化の流れを受け一九九二年以降一八歳人口は減少している。その中で大学・短大への進学率は五六・二％（二〇一二年、同調査）と上昇を続け（図3－1）、高校での就職者は減少してきている。では高校生の就職状況が良くなっているかというと、高校生に対する求人は一九九二年の三・三四倍を境に減少し、二〇一二年は一・三〇倍にすぎない（図3－2）。就職内定率でみると二〇〇二年の八九・七％を底として回復しているが、求人倍率からみると選択肢の少ない求人から就職先を選択せざるを得ない状況にあると言える。

高校生に対する求人の減少には経済環境の悪化と共に、雇用環境の変化が背景にある。バブル経済

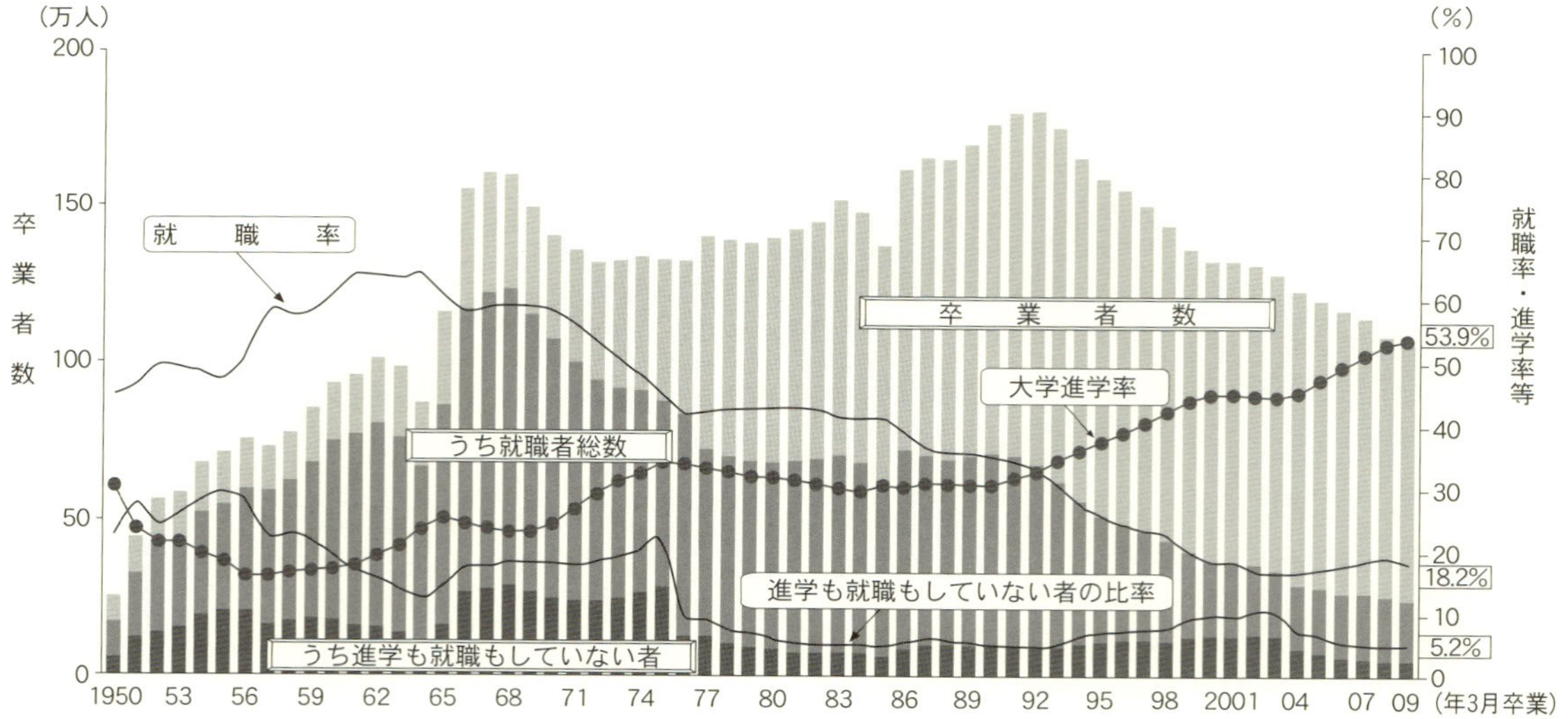

図３－１　卒業者数，就職者数及び就職率等の推移（高等学校）

（注）1　「進学も就職もしていない者」は，家事手伝いをしている者，外国の大学等に入学した者又は進路が未定であることが明らかな者である．
2　1975年以前の「進学も就職もしていない者」には，各種学校，公共職業能力開発施設等入学者を含む．
また，2003年以前には「一時的な仕事に就いた者」を含む．

出所：文部科学省「学校基本調査」（2010年）報道発表資料より筆者作成．

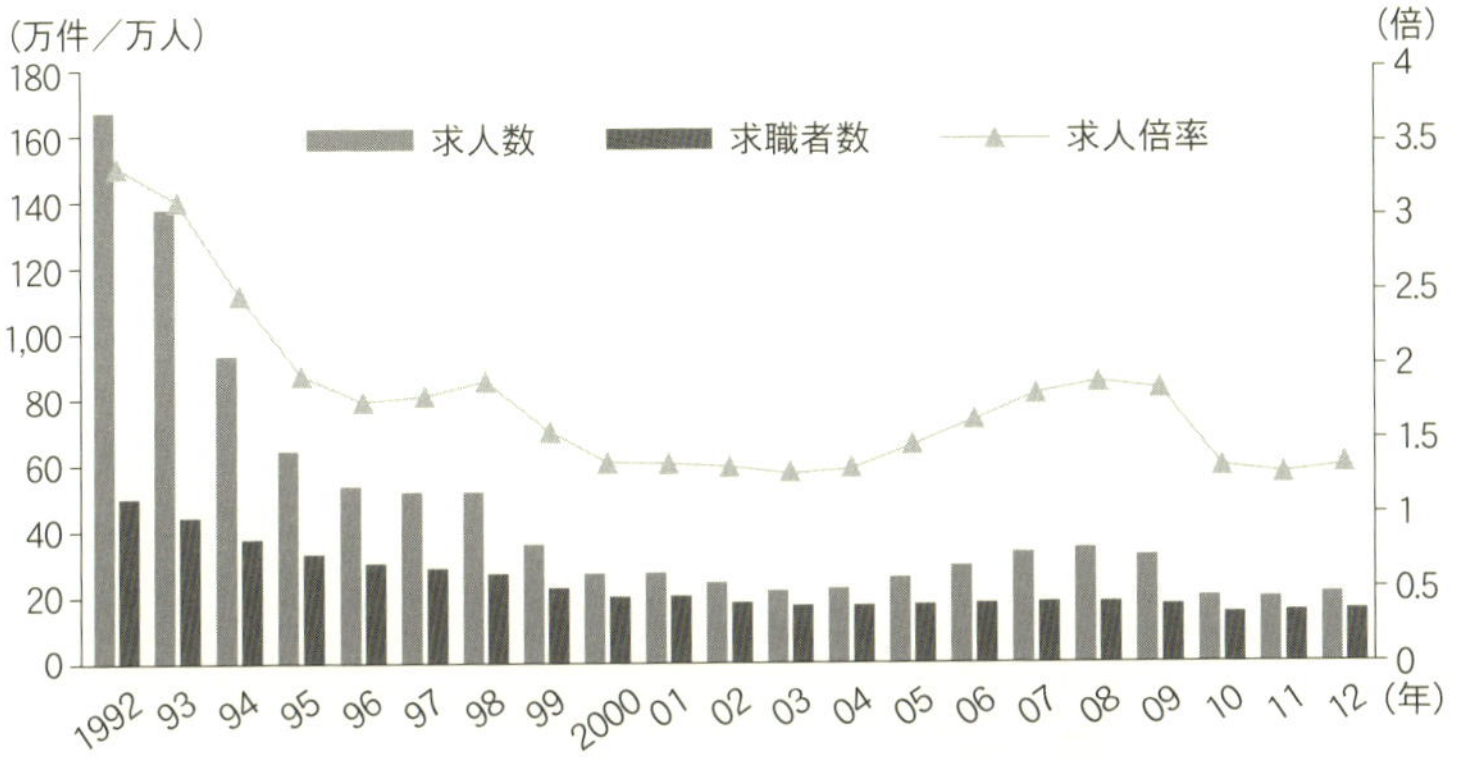

図３－２　高校卒者の求人・求職状況の推移

出所：厚生労働省発表「高校・中学新卒者求人・求職状況」(2012年)より筆者作成．

の崩壊以降、企業はコスト削減のもとに人件費の削減を進めた。一つには既存の正社員の雇用を守るために新卒採用の抑制という形で進められた。もう一方で正社員の仕事を契約社員、派遣社員といった非正規雇用者に置き換えていった。二〇〇四年の製造業への労働者派遣の解禁は製造業への就職を希望する高校生の職場の一部を奪ったと言ってもいいであろう［伊東 二〇〇六］。同時に安い人件費を求めての製造業のアジア地域を中心とした海外進出も、高校生求人を少なくしている原因と言える。企業のＩＴ化の進展は、職場内での比較的単純な事務労働を効率化し、人員の削減に貢献した。かつて商業科の高校生の就職先として有望視された金融機関の事務職は、採用人数が少なくなり大卒女子と競合することになる。製造業ばかりでなく、事務職の高校生求人も減少している。ミスマッチというよりも、選択肢が少ない中での就職活動を余儀なくされているという状況である。

高校生の就職活動は、大学生と違い学校経由での応募になる。求人の受付から内定まで就職活動のスケジュールがきっちりと決まっており、進路指導部の教員と担任が中心になって進めていく学校が多い。求人の申込みは毎年、六月二〇日以降と決まっている。具体的な求人内容について学校と企業が接触してよいのは、七月一日以降になる。七月上旬に開催される行政や商工会議所、就職支援業者が主催する合同企業説明会には高校生向けの求人も加わる。生徒が企業の求人に応募できるのは九月五日以降である。高校生の応募については競合を防ぐために一人一社との制限を付けているところも多い。企業が採用選考を実施できるのは九月一六日以降である。つまり採用選考の解禁日に多くの企業の採用試験が重なるので、第一希望の企業の採用試験にいかに合格するかがポイントになる。

最終的な内定率は九四・八％と高くなっているが、一〇月末時点での内定率を見ると五八・六％と決して高くない。各高校では生徒の希望を聞き学校からの推薦という形で採用試験を受ける場合が多い。応募段階で選別されているので、就職氷河期と言われる以前は応募する生徒は、ほぼ合格していたという。最近は企業側の採用基準が厳しくなり、学校推薦であっても不採用になる場合も多くなっている。学校推薦は公平を期すために成績を基準に選定される場合が多いという。

ここでミスマッチが起きる。志望動機の高さ適性よりも、選択基準が明確な成績により採用試験を受ける機会が左右される。第一志望の企業に不合格になった高校生に対しては学校とハローワークが連携して支援していく。各地のハローワークには、キャリアカウンセラーなどの専門の資格を持った高卒就職ジョブサポーターが配置されており、就職支援に当たる。ジョブサポーターは学校を訪問し

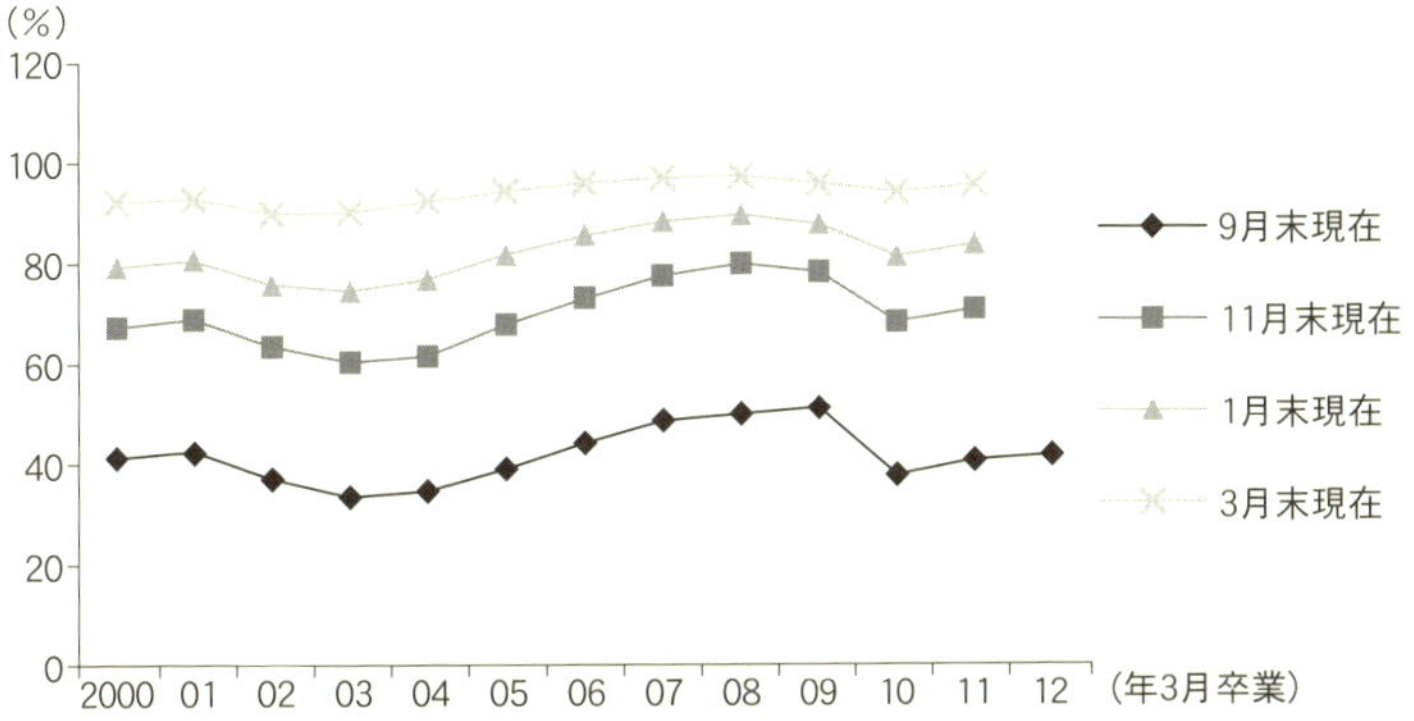

図3－3　高校新卒者の内定率の推移

出所：厚生労働省「高校・中学新卒者求人・求職状況」(2012年)より筆者作成.

て先生方と今後の就職支援について相談を行うほか、生徒と直接面談して就職相談や面接練習も行う。更に職業安定所の職員と協力し求人情報の収集や高校生の志望する職種の求人開拓にもあたる。高校生や保護者はどうしても大手企業を志望する場合が多くミスマッチが生じるが、地元の中小企業の良さを伝えるのもジョブサポーターの役割である。高校生の就職支援ではハローワークと高校側の連携が重要で、学校側との連絡会を定期的に開き最新情報を提供している。このような支援を経て、一二月末には内定率が八〇・四%（二〇一二年）まで上がってくる。

　ハローワークで高卒就職ジョブサポーターを務める山本氏によれば、高校生の場合就職試験で不合格になりがちなタイプは、声が小さくうつむきがちで暗い印象を与える生徒が多いという。その生徒の良い面を引き出し、面接練習で自信を持たせて採用試験に臨ませることで合格する割合が高くなるそうだ。

二　大学生の就職状況

大学生の就職も厳しい状況にある。ＴＶ等の報道では、四〇社、五〇社と採用試験を受けたが内定を得られず、未内定のまま卒業した大学生の姿をしばしば映し出す。なぜ大学生の就職はそれほど厳しいのか。大学や行政機関にはどのような支援が必要なのか。本節では大学生の就職状況や就職活動について考えてみる。二〇一二年三月に卒業した大学生の就職内定率は、文部科学省の学校基本調査によれば九三・六％（四月一日現在）と発表された。前年同期より一・六％増加しており、過去最低であった前年同期を上回ったという。厚生労働省は、ハローワークと大学が連携し大学生の就職支援を強化した結果、ミスマッチが多少改善され中小企業への就職が進んだためとみている。

大学生の就職状況は、景気の変動を受けると言われている。超売り手市場と言われたバブル景気の崩壊以降、大学生の就職率がどのように変化したのか見てみよう。一九九一年、バブル経済が崩壊した年、大学生の求職者二九万三八〇〇人に対し八四万四〇〇人の求人があった（ワークス研究所調査）。求人倍率は二・八六倍である。企業の採用意欲が高かったことに加え、当時の大卒者数は現在より一〇万人程度少ないことも影響している。

好景気時代が終焉し過剰な雇用による人件費を圧縮するために、企業は新規採用の抑制を開始する。大卒者の求人倍率は、一九九四年一・五五倍、一九九六年一・〇八倍と急激に悪化する。その後景気

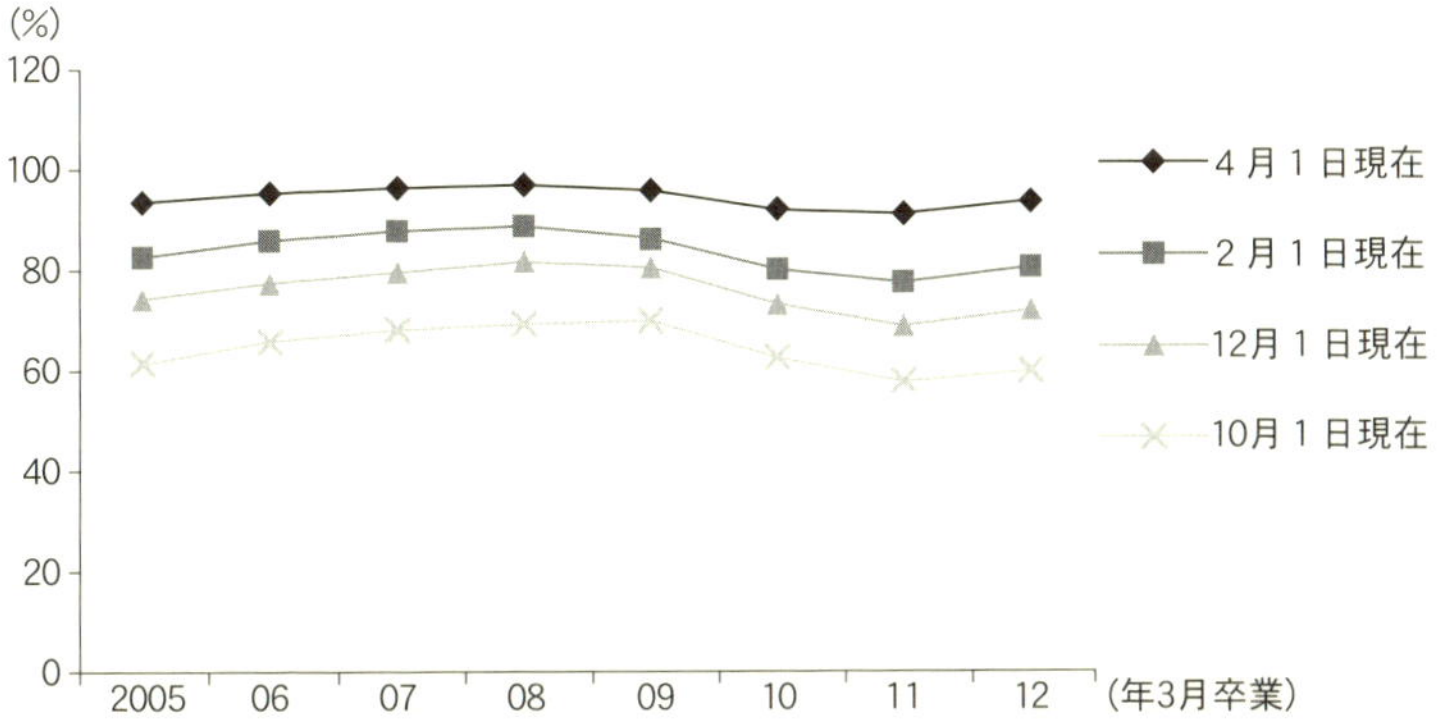

図3－4　大学等新卒者の就職内定率の推移

出所：厚生労働省「大学卒業者の就職状況調査」（2011年度）より筆者作成.

が緩やかに回復するかに見え一九九七年一・四五倍、一九九八年一・六八倍と就職状況はやや改善した。しかし一九九七年下期に山一証券の廃業、北海道拓殖銀行の経営破綻などで景気が急速に冷え込んだため、再び就職状況も悪化し二〇〇〇年の求人倍率は〇・九九倍まで落ち込んだ（同調査）。この年の大学等の卒業予定者の就職内定率は九一・一％（二〇〇〇年四月：文部科学省調査）であり、就職希望者の約一〇人に一人が未内定のまま卒業するという状況であった。就職氷河期と言われる時代の始まりである。

その後、就職内定率は二〇〇一年から二〇〇五年にかけて厳しい状況が続く。二〇〇〇年代半ば輸出産業の好転などで雇用環境は回復し、企業の大卒者に対する求人倍率も上昇してくる。求人が増加したことで就職内定率も二〇〇六年九五・三％、二〇〇七年九六・三％、二〇〇八年九六・九％と回復する。この時期の新卒者に対する求人の増加について、労

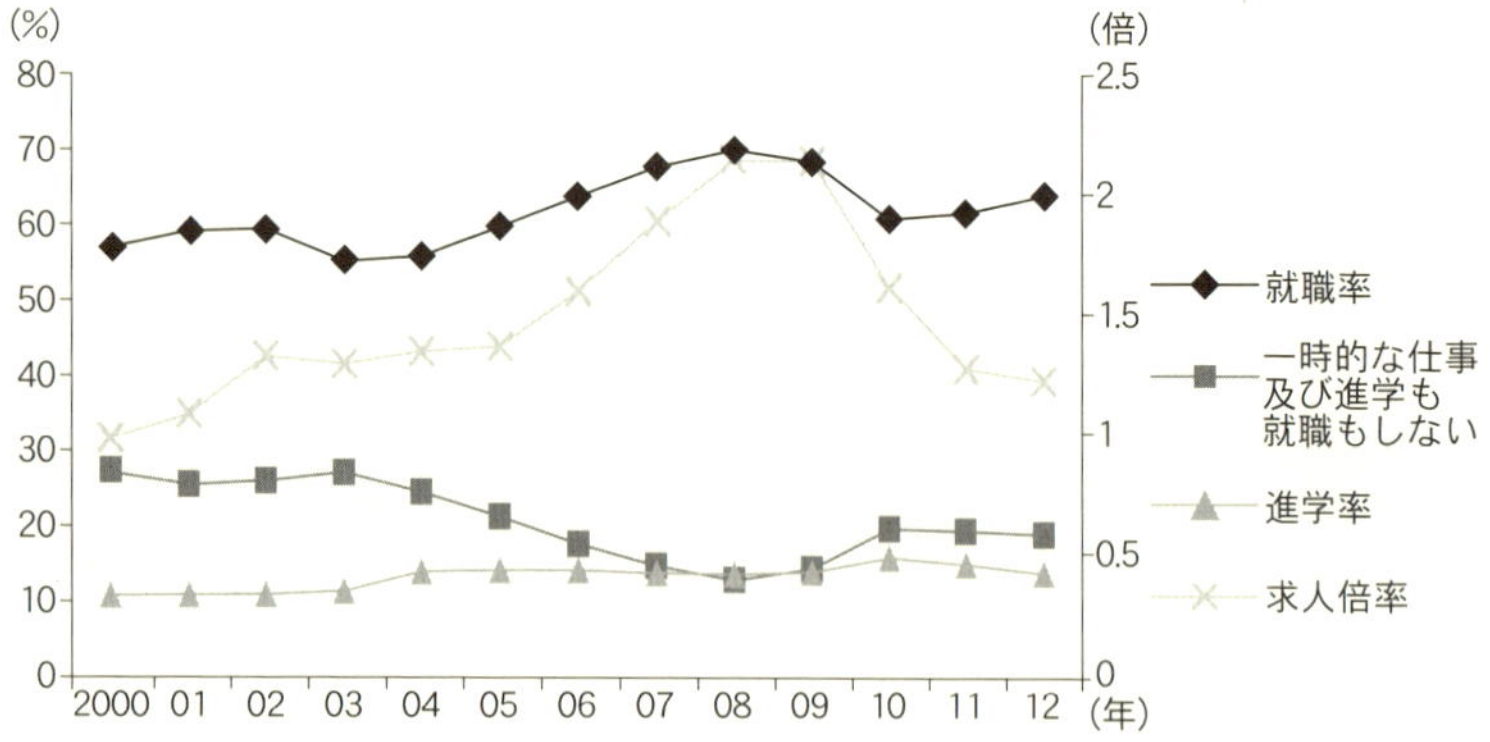

図3－5　大学生の卒業後の進路と求人倍率

出所：厚生労働省「大学卒業者の就職状況調査」ワークス研究所「求人倍率調査」より筆者作成.

働政策研究・研修機構の原研究員は一〇年以上採用抑制を続けたために多くの企業で人手不足になっていたこと、企業の人員構成にひずみが生じているので是正する必要が出たためと説明している［原 二〇〇七］。

好調が持続するかに見えた雇用環境はまた一転する。二〇〇八年秋のリーマンショックを引き金とした世界同時不況は製造業の派遣社員、契約社員の雇止めを引き起こし、求職者が溢れ、内定取り消しに至る大学生も出て社会問題となった。この後企業は新卒者の採用を絞り込み、二〇一一年の就職内定率は九一・〇％まで落ち込み再び就職氷河期という時代を迎える。

二〇一二年、就職内定率は二・六ポイント上昇し改善の兆しが見られた。このまま就職率は上昇するのであろうか。円高の定着や製造業の海外事業所の展開加速、大手家電メーカーの人員削減などの状況を勘案すれば、先行きはまだ厳しいという見方が大勢を占めよう。

就職内定率は就職希望者に対する内定者の割合である。

就職率（卒業者に対する就職者の割合）と一時的な仕事に就いたもの、進学も就職もしなかった者（いわゆる無業者）の推移をみると、求人状況が厳しいときに一時的な仕事に就くものや無業者が増加している（図３－５）。新卒フリーターの発生であり、第2章で述べたようにその後の人生においても非正規雇用者として就業を続ける割合が高くなる危険がある。

大学生の就職状況が厳しい原因は、ミスマッチと言われるように大手企業にばかり志望が集中することにあり、中小企業に目を向ければ求人数は多く就職が可能なのであろうか。ワークス研究所の大学生求人倍率調査によれば、就職状況の良かった二〇〇八年三月卒の場合、従業員数一〇〇〇人以上の大手企業の求人倍率が〇・七七倍であるのに対し、一〇〇〇人未満の中小企業は四・二二倍とかなり差がある。この時期であるならば中小企業に目を向けることで就職難は緩和されると言えるであろう。しかしながら二〇一二年三月卒の場合、大手企業の求人倍率が〇・六五倍であるのに対し中小企業は一・八六倍と差が縮小されている。さらに二〇〇八年三月卒に対する中小企業の求人数が七二万九八〇〇人、就職希望者が一七万三一〇〇人であったのに対し二〇一二年三月卒に対する求人数は四〇万七三〇〇人、就職希望者が二一万八七〇〇人となっている。中小企業を志望する学生は増加しているものの、求人数は減少してきており、中小企業の人員も充足されつつある様子が窺われる。単に志望先のミスマッチを解消すれば就職状況の厳しさが改善されるとは言い難い。更に、求人倍率はあくまで就職希望者に対する求人数の割合で、実際の採用倍率ではない。企業側は厳選採用を貫いており、「企業が求める水準に達していない学生は求人数に満たなくても採用しない」という人事担当者の声をよく聞く。実際には表面上の求人倍率よりも厳しい状況で、数十社の採用試験を受けても内定を得られない学生を生み出していることが推測される。

三　大学生の就職支援

大学生の場合、基本的に就職活動は学生が個人で行う。インターネットを利用する採用・応募の形式が普及し、就職活動も一九九〇年代とは変化がみられる。就職状況はこの先も厳しいことが予測される。この節では大学ではどのような支援が行われているのか概観する。

多くの大学には就職支援部署が置かれ、求人情報の提供や就職相談を行い学生の就職を支援している。二〇〇〇年以降、同部署をキャリアセンターという名前に変更し就職支援だけでなく学生のキャリア形成も含めた総合的な支援を行うという大学が増加してきた。大学のキャリアセンター設置が急速に拡大した理由としては、不況と大学進学率の上昇、それに伴う学生の質の多様化、必然的に求められる手厚い就職支援があるという［沢田 二〇一一］。キャリアセンターでは、在学生だけでなく既卒者の支援も行うところが増えている。この背景には一八歳人口の減少に伴い大学が入学者を確保したいという思惑の他、未内定のまま卒業する学生及び就職後早期に離職する卒業生に対しても、支援が求められているという理由がある。

大学生の就職はなぜ厳しくなったのか。その理由について城繁幸は『若者はなぜ三年で辞めるのか？』の中で、企業の厳選採用やネットの普及による情報量の増大が原因だと述べている。全員が同じ土俵、同じ基準で評価されることになり、学生は明確なキャリアプランを持ちそのために努力し厳選採用に対応できる学生と、ただ理由もなく有名企業ばかりに応募しなかなか内定の取れない学生に分けられるようになったと指摘している。

大学生の場合、「就職ガイダンス」に出席するところから就職活動が始まる大学が多い。一、二年次からこの就職ガイダンスを開催している大学もあるが、多くは三年次の学生を対象としている。内容は「自己分析」「エントリーシート(1)の作成」「応募書類の書き方」などであり、就職支援部署の職員や就職支援会社から派遣された講師がガイダンスを行う。また、三年次の夏休みに「インターンシップ」として企業で一週間から二カ月位の就業体験を行う学生もいる。インターンシップへの参加は授業として単位認定している大学も多くあり、事前・事後の指導も含めて学生の就業意欲を高めている。

インターンシップは、一九九七年文部省（当時）の「「教育立国」を目指して」という教育改革プログラムの中に謳われたことに始まる。その年五月の閣議で産学連携による人材育成策としてインターンシップの推進が合意された。当時の文部省（現文部科学省）、労働省（現厚生労働省）、通産省（現経済産業省）が、①教育の改善・充実および学生の学習意欲の喚起、②高い職業意識の育成、③自主性・独創性・柔軟性のある人材の育成を目的とすることで合意し、推進することとなった［高良二〇〇七］。その後、採用試験の応募者が増える中で、企業としては自社の魅力を直接伝えることで志望者を増やし、優秀な学生を早期に選別したいとの思惑も見えるようになってきた。企業独自で募集するインターンシップと、各地域の経営者協会や商工会議所などが受入れ企業と参加希望学生の仲介をする場合がある。文部科学省はインターンシップの参加を奨励しているが、企業の受け入れ人数に制限があり実施している大学は六七・七％（二〇〇七年）に留まっている[2]。

大学では自学の学生に対する採用意欲の高い企業を多数学内に招き、合同企業面談会を開催する場合が多い。就職支援業者が開催する参加者の多い合同企業説明会に比べ、学生は少人数でじっくり事業内容や求める人材について話を聞くことができる。その他、就職相談や模擬面接など至れり尽くせりの支援を行っているとも言える。

四　大学生の就職活動

大学生の本格的な就職活動は、二〇一一年より三年次の一二月に開始となった。一二月一日より、「リクナビ」「マイナビ」といった就職情報サイトへの学生の登録が可能になり、企業の説明会も解禁される。それ以前は三年次の一〇月に解禁されていたが学生の就職活動が長期化することで学業に支障をきたしているとの声を受け、二〇一一年に経団連の加盟企業を中心に一二月一日解禁と二カ月間遅らせる協定を結んだ。この申合わせに対しては、就職試験の解禁は従来通り四月一日であるから、「企業研究の時間が少なくなっただけで却って学生の負担を増す」との声もある。

大学生の採用・就職事情の変遷については、夏目孝吉が詳述している〔夏目 二〇〇六〕。大学生の就職活動には一九五二年、当時の文部・労働両省の次官名で行政・大学・企業関係者に通達された「就職協定」というものが存在した。採用試験は大学四年次生の一月以降に実施すると言った内容が含まれていた。その後の経済成長時代に企業の新卒者採用意欲が高まり、「青田買い」「リクルーター」などの言葉も生まれ、採用活動が早まるにおよび就職協定は有名無実化する。一九九七年一月に就職協定が廃止され、企業側は「倫理憲章[3]」を、大学側は「申合せ」を相互に尊重して自己責任の下に実施する方式に移行した。倫理憲章に基づけば企業が内定を出すのは四年次の一〇月一日以降になるが、大手企業も「内々定」と称し五月の連休前、さらには三年次の二月三月に採用内定を出す場合も多くなっていた。このような状況の下企業が採用活動の自粛に動き、三年次の一二月からという申し合わせを行った。

写真3－1　キャリアセンター

写真3－2　合同企業説明会

就職活動の開始日に問題がある他、IT環境が整備され企業の採用方法・学生の応募方法が変化したことも学生の就職活動を過酷なものにしている。一九九〇年代までの採用方法では企業は各大学に直接求人を出す場合が多かった。指定校制度と言われ大手企業の採用試験は国公立大学・有名私立大学の学生にのみチャンスが与えられると言われていた。特に理系学生の場合所属する研究室の推薦で就職先が決まる状況が一般的であった。この制度については学生の受験機会の公平性を欠くという批判が存在した。大学経由の求人以外については、就職年次の学生には新卒者を募集する企業が掲載された分厚い冊子が届き、そこに挟み込まれているはがきを利用して企業説明会や企業情報を取得することが多かった。企業には学生から数百枚に上る会社案内請求のはがきや企業説明会の参加申込みが届き、人事部はその返送手続きに追われることになる。

二〇〇〇年代になり大学・学生にインターネット環境が整備されたことで、企業の採用活動は効率化された。学生はＨＰから企業情報や採用情報を入手し、企業説明会の申込みやその企業への志望の意思表示としてエントリーを行うこともできる。時にはＷｅｂ上で一次試験も行われる。新卒者の採用人数が減少し、後方部門である人事採用担当部署の人員も削減したい企業にとっては、インターネットを利用した求人活動はコストの削減の意味でも、広範囲の学生の応募を期待できるという意味でも魅力のあるものであった。

同時に就職支援企業がさまざまなビジネスを展開する。就職支援企業は就職希望の学生に働きかけ、自社のサイトへの登録を促す。学生の志望業種や希望勤務地域を登録させ、志望に合致する求人情報をダイレクトに送付する。このサービスはすべて無料で提供される。企業は就職支援のサイトに求人情報を掲載する場合に契約料を支払う。この契約料にはさまざまなオプションがあり、単に求人情報を掲載するだけでなくエントリーに対するメール送信や企業説明会の申込み受け付け、就職支援企業が開催する合同企業説明会のブース出店などの料金プランがある。企業には応募学生の母集団を増やしたいという思いがあり、登録学生数の多い有名サイトの契約料はオプションも含め数百万円になるという。

企業からの求人申し込みにもインターネットは大きな力を発揮する。それまで各企業が独自に大学に送っていた求人票が、就職支援企業を媒介として全国の大学に届けられる。多くの大学が学生へＷｅｂで求人情報を配信し、地方の大学生も首都圏・関西圏の求人情報を入手することが可能になった。インターネットを活用した就職・採用活動は、応募と情報入手の両面において地域の壁、大学格差の壁を取り払ったと言える。

その結果、従来受験機会の無かった学生も大手有名企業に応募できるようになり、クリックするだけの手軽さは応募者を増やし、一部の大手有名企業には何万人というエントリーが寄せられることになった。地方の大手企業でも数千人単位の応募者があるそうだ。応募者が多いために採用試験も何段階にも分けて実施される。一月末から二月、三月にエントリーシートによる選別が開始され、筆記による一次試験、グループディスカッション、集団面接、個人面接、役員最終面接等、五次、六次の試験で選別される。四〇社、五〇社受けても一社からも内定を得られないという学生はこのような状況から生まれてしまう。

大学や地域のジョブカフェ、ハローワークには専門のキャリアカウンセラーが配置され、学生の就

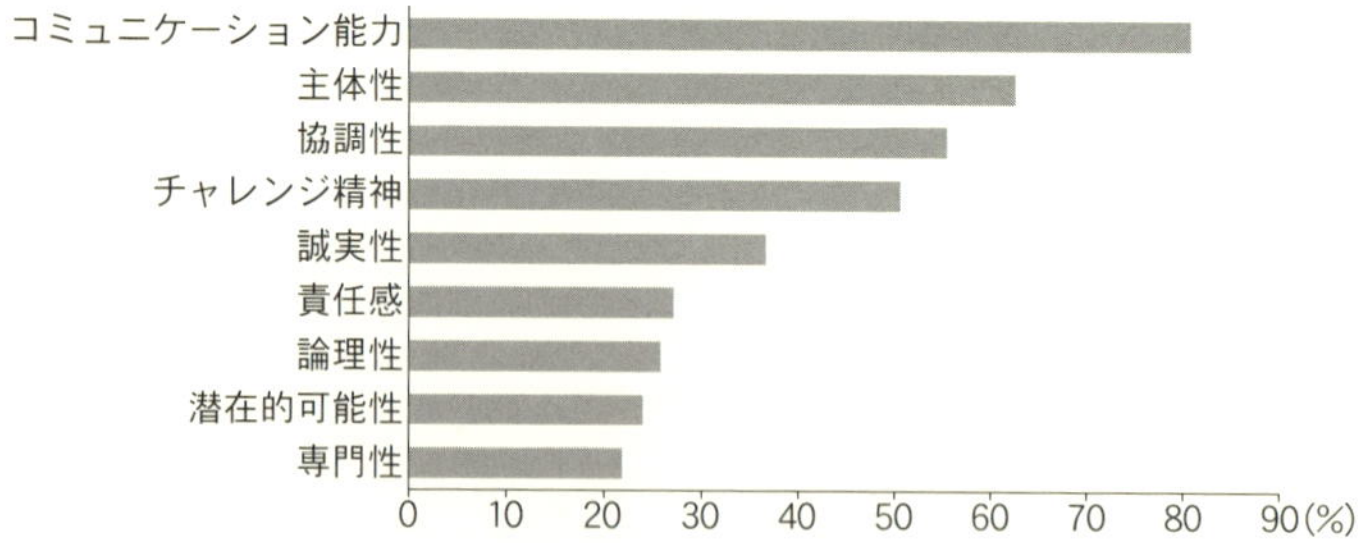

図3－6　企業が選考にあたり重視した点（複数回答）

出所：(社)日本経済団体連合会「新卒者採用状況調査」(2011年)より筆者作成.

職相談に当たり、応募書類の作成や面接での受け答えを指南する。企業は教えられたものではない学生のありのままの姿を見たいと考え、目先の変わった質問で学生を困惑させる場合もある。企業が採用に際し一番求めるものはコミュニケーション能力であり（**図3－6**）、教えられた受け答えではない。そのような状況の中、合格する学生は何社もの内定を得て五月の連休前には就職活動を終え、残りの大学生活を楽しむ余裕を得るが、未内定の学生は秋以降も毎日のように就職試験に翻弄される。学生格差と言われる所以である。

五　就職支援を得て内定へ
——事例（1）——

各地の大学やハローワークは、若年者の正社員雇用を重要視し大学生の就職支援に力を入れる。しかしながら学生の中にはなかなか内定が得られず、就職活動の長期化に疲弊する姿も見られる。就職活動に苦労する場合はどこに問題があるのか、どのような支援を得て内定獲得に至るのか。苦労しながらも内定を得られた学生の例を紹介する。

T君は、中部地方の国公立大学人文系の学部四年生である。自分の出身地での就職を望んでいる。八月末ごろに筆者のところに相談に来た。四月ごろから複数の企業の採用試験を受けてきたが、いまだに内定は得られていない。就職相談において最初に確認することは、本当に就職したい意思があるかどうかである。「ある」という。次に「なぜ今まで内定を得られなかったのか、どこに問題があるのか」を問い、能力の問題なのか、就職活動の方法に問題があるのか、志望企業の選択に問題があるのか分析し、対策を考える方向に進む。不合格の体験を重ねて落ち込んでいる学生に、「なぜ、合格できなかったのか」を自問させるのは厳しい対処になる。しかしながら自分に下された評価を的確に受け止められなければ、良い結果は出ないであろう。もちろん落ち込み度合いが深い学生には、厳しさを抑え、能力不足の学生には志望を下げる方向を勧める。T君は、「よく考えもせず友人が受ける大手企業を受けた」という。その結果全てに不合格となり、就職活動への意欲を失ってしまった。「就職活動を甘く見ていた。簡単に受かると思っていた」との答えが出てくる。

友人につられ、大手企業をあちらこちらと受ける学生は多い。友人は水面下で見えない準備をしっかり行い、内定を得る。考えずに受けていたT君は、不合格体験を重ねてゆく。「もう甘く見てないか」本人の意思確認をし、最初からやり直すことで同意を得る。自己分析を行い自分のアピールポイントを決めていく。秋口からの就職試験は、応募倍率も下がりほぼ面接に重点が置かれる。面接での受け答えは問題なさそうである。地元の中小企業を中心に数社受けるが、合格に至らない。どこに問

写真３－３　キャリアセンターでの学生の様子

題があるのか。最近不合格になった企業の求人票を持ってきてもらうことにする。T君はサポートタイプと考えられる。与えられた課題を責任もってこなし、後輩の指導もできるが、自分が先頭に立ち仲間をぐいぐい引っ張っていくタイプではない。持ってきた求人票は、ワンマン経営者、成果給を取り入れていると推測される企業が多かった。企業が求める学生のタイプは異なり、自社にあった学生を求めている。ここでミスマッチが生ずる。求人票から企業を読み取るポイントを教え、自分に合う企業を探すようにアドバイスをする。ほどなく内定を得られたという報告が届く。更にもう一社受かったという。

学生は、就職活動においていろいろな場面でつまずき自信を失う。そういった場面においてキャリアカウンセラーの支援の方法はさまざまである。何度も何度もただ面接練習を繰り返すカウンセラーもいる。就職活動は基本的に学生が行うものである。失敗や自分の甘さを自省し、乗り越えることで自己効力感を増し社会に出てからの推進力を蓄積する。カウンセラーは学生が困難に立ち向かえる力を引き出し、自信を持たせてある方向に押し出すことが役割だと思っている。

六　就職支援を得て内定へ
――事例（2）――

もう一人紹介しよう。O君は入学難易度が高くない私立大学の芸術系学部の四年生である。父親は自営業で、経済的には余裕がある。勉強のためにというより遊びたいので進学を選んだという。成績は下位でどうにか卒業できる見込みだが、勉学には自信がなく、基礎学力の不足は明らかである。音楽への関心が深く、バンドのメンバーとして活躍している。就職活動には最初から熱意がなく、内定を持たずに一二月を迎えていた。そんなときに相談に来た。就職が決まらないと父親から家を追い出されるという。どこでもいいから、何でもいいから就職できるところはないかとのこと。

「どこでもいい」「何でもいい」という学生は相談が難しい。良く考えない就職先の選択は、離職に至るケースが多くなる。就職の方向性を考えるために、O君の場合は消去法を採用した。いろいろな働き方、職種の例をあげ、難しいものできそうもないことを消してゆく。体力はある、動く仕事の方が良い、自動車の運転は好き、他人と話すのは苦手、細かい作業は得意ではない、このような形で仕事をするイメージを持ってもらう。相談の中で言葉遣いが良いこと、挨拶がきちんとできることに気が付いた。子どものころから挨拶や言葉遣いは厳しくしつけられたという。採用されるかもしれないという期待が持てた。

最近は多数の企業が集まる合同企業面談会ではなく、中小企業が各大学に直接出向き、学生と個別に面談する機会もある。個別面談会の利用は、ハローワークを媒介とした求人への応募とどこが違うのか。学生は職種や企業についての知識が不足している。ハローワークでの求人への応募の場合、採用か否かの視点で面接を受けることになる。大学での個別面談会の場合、企業は自社の事業内容や仕事内容を説明し、双方向の対話の場となる。この個別面談は一社につき、二―一〇人ぐらいの少人数で開催されるので、学生もそれほど緊張しない。O君は何度か個別企業の面談会に臨み、環境設備関連の小さな会社の社長さんに気に入られた。その後、その企業に出向き正式に面接試験を受け内定となった。採用人数は一人である。

就職における採用試験は、大学入試とは異なり合格基準はさまざまである。企業は自社の社風や職種に合うかどうか、自社で育てて一人前にできるという期待値で採用を決める場合が存在する。時々まじめで成績は良い学生が不採用になり、勉強をせず体力だけに自信があるような学生が合格する理由がここにある。現在のように大学三年生の後半で就職活動が始まる場合、学生は専門の勉強を十分にしておらず、企業は期待値で採用を図り入社後に育てることを考える傾向が強い。もちろん入社後には業務に必要な勉強が待っており、大学時代に勉強をしなかった学生は苦労することになる。

おわりに

高校生、大学生の就職難は、経済状況の変化や雇用環境の変化が生み出したものといえる。そこに優秀な人材を求める企業の思惑と自由応募、全国応募可能という就職活動、採用活動の変化が重なっている。志望企業の偏りというミスマッチが解消されたとしても、日本経済の成長を考えるとしばらく就職が厳しい状況が続くとみられる。その中で、高校や大学は入学年次から就職への意識付けを進め、ある意味では至れり尽くせりの就職支援を行っている場合が多い。生徒や学生が社会と触れる機会が減少し、教育現場で職業観や人生観を教え、就職活動についてきめ細かく指導しないと内定を得られない生徒・学生が増えているかもしれない。

しかしながら考えるべきは、一人ひとりの生徒、学生の進路であり就職である。ただ就職するだけでなくいかに就業を継続できるかにある。自分の適性を見極める力、自分の能力を発揮できる就職先を選択できる力、そして就職試験を突破できる力、多少の困難にあっても乗り切り、就業を続ける力をいかに養成するかが大切ではなかろうか。型にはめるような就職支援は、社会に出た時の抵抗力をそいでしまうのではないかと危惧している。自分の力で乗り切るための、自分の力を発揮させるための支援こそが、厳しい時代に求められている支援ではないであろうか。

注

(1) エントリーシートとは、企業の新卒採用活動において学生に最初に書かせることの多い書類で、大量の応募者をこの書類でふるいにかける場合がある。学歴等の個人情報の他に「志望動機」や「当社でやりたいこと」などその企業独自の項目がある。

(2) 文部科学省「大学等におけるインターンシップ実施状況調査」による。同省は二〇〇八年インターンシップの実施状況調査は行っていない。

(3) 日本経団連では『大学卒業予定者、大学院修士課程修了予定者の採用選考に関する企業の倫理憲章』(通常『倫理憲章』と呼ばれる) を策定し、企業の採用選考に際し自己責任原則に基づく秩序ある行動を求めている。

参考文献

伊東維年『地域産業の再生と雇用・人材』日本評論社、二〇〇六年。

沢田健太『大学キャリアセンターのぶっちゃけ話』ソフトバンククリエイエイブ (ソフトバンク新書)、二〇一一年。

城繁幸『若者はなぜ三年で辞めるのか?』光文社 (光文社新書)、二〇〇六年。

高良和武編著『インターンシップとキャリア形成』学文社、二〇〇七年。

夏目孝吉「企業の採用はどう変わったか」『新社会人白書』(財) 社会経済生産性本部、二〇〇六年。

第4章

高校・大学におけるキャリア教育の導入

「早い時期に将来を考えること」
と講師は語る

キャリア教育シンポジウムで話す筆者

はじめに

高校生・大学生の就職状況が厳しくなるとともにフリーター・ニートの増加などが社会の問題として注目されるようになってきた。高校・大学に対しても従来の進路指導、就職支援だけでなく若者の職業観、人生観を育成するなどより深い支援が求められるようになっている。そのような背景のもと、二〇〇〇年ごろより各地の大学でそれまでの就職支援部署をキャリアセンターに衣替えし、就職支援だけでなくその後のキャリア形成も支援しようとする動きが出てきた。その動きと相前後する形で就職ガイダンスではなく、キャリア教育科目を単位認定を行う正課の教育科目として開講する大学が増加している。「キャリアデザイン」「キャリア形成論」などの名称の科目である。

日本キャリアデザイン学会の前会長を務めた川喜多喬は「本来大学で行われている教育は、全てキャリア教育と言えないこともない」と述べている。確かにキャリアを「生き方、人生そのもの」と考えれば大学で行われている教育は、卒業後の人生を形作る基礎となるものであるから、全てキャリア教育とも考えられる。そうであるならば、なぜ今新たにキャリア教育を正規科目として開講する必要があるのか。この章では高校、大学で取り入れられている「キャリア教育科目」「キャリア教育」と位置づけられている教科、また通常のカリキュラムとは別に実施されているキャリア形成を支援する取組みについて考えていきたい。

名古屋大学が実施した「大学のキャリア教育に関する調査」（二〇〇六年、有効回答数二〇八大学）によると、何らかの形でキャリア教育を実施している大学は約八割に上るという。福井県立大学でも二〇一〇年度にキャリアセンターを開設し、二〇一一年度より「キャリアデザイン概論Ⅰ・Ⅱ」などのキャリア教育科目を全学部の学生を対象に導入している。このようにキャリア教育科目を導入する大学が増加している一方で、キャリア教育科目については、「学習内容が確立されていない」、「未整備である」、「就職支援と変わらない内容で単位認定をしている」といった批判の声もある。

本章ではキャリア教育が導入された背景や要因を考察し、各地の高校や大学で実施されているキャリア教育科目、キャリア教育の内容や実施方法を検証することで、キャリア教育科目の学習目的は就職支援のためだけにあるのではないということを明らかにしていきたい。

一　キャリア教育導入の背景・要因

キャリア教育の歴史は古く一九〇八年、米国ボストン市にパーソンズ（Parsons, F.）が職業相談の専門機関としてVocational Bureauを設置したのが始まりだという。その当時のボストンは大量の人口流入により、低賃金での職業への従事、転職、失業といった社会不安につながる要素を抱え、職業指導の必要性が高まっていた。日本では一九一九年に、三田谷啓が大阪市立児童相談所で職業相談を始めたのが始まりだと言われている。キャリア教育の歴史については三村隆男が『キャリア教育入門』

で詳述している。

日本の高校や大学における本格的なキャリア教育の導入には、文部科学省の政策が大きく関わっていると思われる。一九九九年、同省中央教育審議会答申「初等中等教育の改善について」において初めて「キャリア教育」という語句が登場する。答申では小学校から高等教育に至るキャリア教育の必要性が述べられ、①職業観・勤労観の育成、②職業に関する知識・技能の習得、③自己理解を前提とした職業選択能力の育成を求めている。この時期は若年者にフリーター、ニートが急増していることが話題になった時期でもあり、新卒フリーターを防ぐために高等教育の見直しを求める意味もあったと推測される。その後二〇〇四年には「キャリア教育の推進に関する総合的調査研究協力者会議」が報告書を発表し、全教育活動におけるキャリア教育の展開を求めることになる。

更に二〇一〇年には、大学設置基準の改定を行い以下のようにキャリア教育を大学の中に取り入れることを明確に示している。「大学は当該大学および学部等の教育上の目的に応じ、学生が卒業後自らの資質を向上させ、社会的および職業的自立を図るために必要な能力を、教育課程の実施および厚生補導を通じて培うことができるように、大学内の組織間の有機的な結合を図り、適切な体制を整えるものとする」厚生補導については注が付いており、学生の人間形成を図るために行われる諸活動におけるさまざまな指導援助としている。つまり正課外に行われる就職相談や合同面接会の実施、キャリアカウンセリングは厚生補導としてキャリア教育とは分けている。キャリア教育について同省は「社会的・職業的自立に向けて、必要な知識・技能・態度をはぐくむ教育」と定義づけ、単に就職を目指

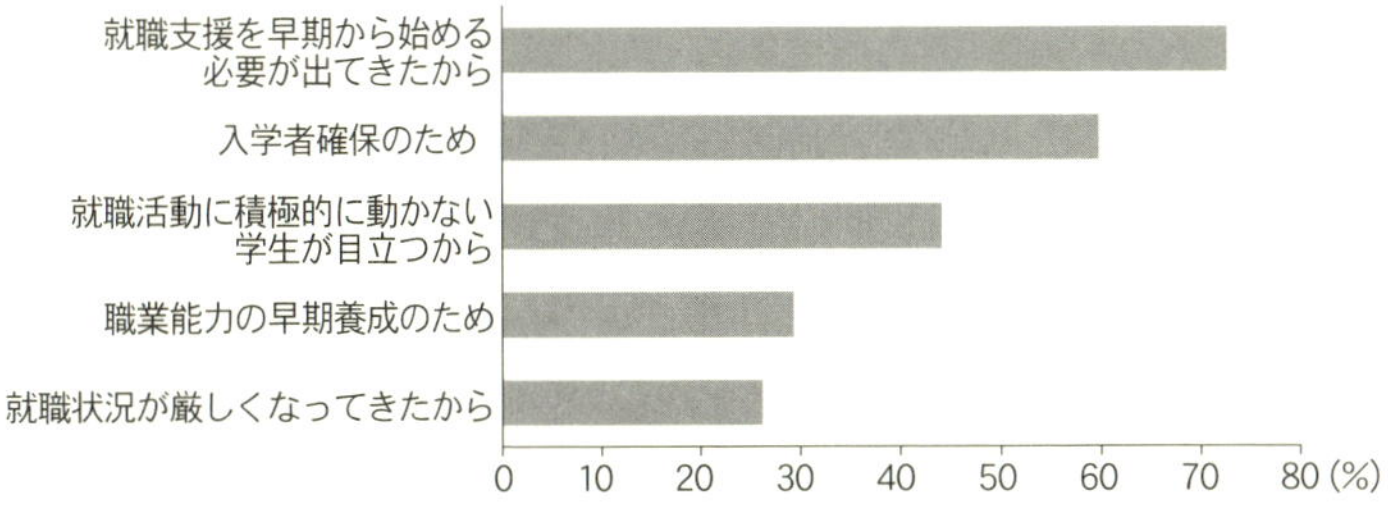

図4－1　大学がキャリア支援・キャリア教育に取り組み始めた背景

出所：上西充子『大学のキャリア支援』p.9より筆者作成.

すものではないということを明確に唱えている。

次に、キャリア教育が導入されるようになった背景について、文部科学省の政策以外の面を外的要因、内的要因に分けて考えてみたい。まず、外的要因について、前述の川喜多は大学にキャリア教育が導入された背景を次のように分析している。①保護者の大学選びの関心が「大学を出た後どうなるのか?」に集中してきている。②各種のメディア、ジャーナリズムもこの点で「大学の実力」を問い始めている。③中学・高校でキャリア教育を受けてきた学生が大学に入り始めると、大学にキャリア教育が無いことを疑問に思う。④大学がキャリア教育を実施しなくても「就職氷河期」をビジネスチャンスと捉える「キャリア支援業者・就職支援業者」が、学生に個別に働きかける。⑤卒業生が大学のファンとなり、組織忠誠心を持ってくれるかは、大学がその人生をどれほど応援してくれるかと卒業後の「成功度」に依存する〔川喜多 二〇一二〕。確かに入学以前から就職に関心を持つ新入生は増えている。福井県立大学の新入生一八〇名余りへのアンケート調査[1]でも「就職率が良いということは、大学を選ぶときに影響するか」との問いに、九割以上の学生が「かなり影響する」「影響する」

と答えている。高校生や保護者の進学先の選択基準が変化してきたことも、大学のキャリア教育導入を後押ししているようである。

次に大学の抱える内的要因について考えてみたい。法政大学キャリアデザイン学部の上西充子は、約三〇〇の大学にアンケートを送りキャリア教育を導入した背景について調べている。その回答には「就職支援をより早期に始める必要が出てきたから」「少子化時代における入学者の確保のため」「就職活動に積極的に動かない学生が目立つようになってきたから」などの理由が上位に並ぶ［上西 二〇〇七］。キャリア教育は初年次から実施する大学が多いことも特徴である。大学は教育・研究を行う場であり、就職は学生個人が考えるものという考え方は最近の学生には難しいところもある。就職年次になってからのガイダンスだけでは就職先を選べない学生の増加や、コミュニケーション能力等対人スキルが低下している学生の増加など、学生の質の変化もキャリア教育の導入には大きく関わっている。

このように大学を取り巻く環境の変化、学生の質の変化などが背景にあり、文部科学省の政策も加わり多くの大学がキャリア教育を導入するに至っている。

二　高校におけるキャリア教育の実施

若者の早期離職の高さを示す「七・五・三」という言葉がある。中学卒で七割、高校卒で五割、大学卒で三割の若者が、就職後三年以内に辞めてしまうことを指す。この比率は地方においてもほぼ同じである。就職状況が厳しい中においての早期離職者の高止まりに対しては、働く側の意識の問題と職業選択のミスマッチが原因ではないかといわれている。就職だけでなく進学した場合にも、早期の退学者が増加している。NPO法人の調査によれば大学の退学者は、二〇〇九年度一一万九〇〇〇人余りで、一年次で三・九%、四年では一二・六%が退学するという。

高校側でもこの問題を重視し、職業観・勤労観を育成するとともに職業や職場を理解させることを教育の中に取り入れている。従来は進路指導が主体であったがキャリア教育という形で就職や進学のその先をも見据えた教育を模索している。高校教育の場ではどのようにキャリア教育が導入されているのであろうか。高等学校の場合「キャリア」の科目があるわけではなく、一般的には「総合的な学習」の時間や「ホームルーム」の時間の中で企業経営者や卒業生の講演などを行う場合が多い。定期考査後の時間に学校行事として職業講演会を実施したり、「家庭総合」の時間にライフプランを作成して将来を考えることなどを行っている。進学者が多いと言われる普通科高校より、職業系実業系の高校はキャリア教育を重視している割合が高い。

福井県の場合、職業系・実業系の高校、学科ではほぼ全員が三日から五日のインターンシップを体験する。キャリア教育も二年生で実施されるインターンシップ体験を中心に、一年生では職業興味検査やインターンシップに向けてのマナー指導、二年生ではインターンシップ参加の事前・事後指導、三年生では具体的な進路、就職先・進学先の選択、受験指導などが行われるところが多い。その他、

「総合実践」の時間の中でのビジネスマナー実習や「課題研究」の中で企業や大学と共同で商品開発などを進める中で社会や職業についての理解を深める試みも行われている。キャリア教育の担当者が配置されているわけではなく、進路指導部や学年会が企画実施する場合が多い。教科の中で実施する場合は、教科担任がそのテーマに則した外部講師を招いたり、自分で教えることになる。

高等学校のキャリア教育の場合、進学・進路指導と混同されている面があり、体系的なキャリア教育が実施されていない、担当教員のキャリア教育に対する理解の不足などの問題点が指摘されている。その中で高校生活や学習の基本を見直すことこそキャリア教育であると考え、効果をあげている高校の取組みが報告されている。岩手県の盛岡商業高等学校では、キャリア教育を「社会をたくましく生きる力の育成」と定義付け教職員の共通理化を図ることで成果を上げ、広島県の安西西高等学校では、特別なことを行うのではなく授業の進め方を改善することで年間を通じてすべての教科でキャリア教育を実施している。東京都立本所高等学校ではキャリア教育を「生き方教育」と捉え、将来の目的意識や勤労観を涵養することで生活態度の改善や学習意欲の向上に繋げているなどである(2)。

高校の場合、大学への進学者が多い高校、就職者が多い高校などそれぞれに課題は異なる。成果が上がっている高校のキャリア教育への取組みを見ると、生徒や高校の現状に合わせ自校でのキャリア教育について定義設定している点に特色があると考えられる。進学校でのキャリア教育の取組みが遅れているとの声も耳にするが、単に就職率、進学率を向上させるためではなく、キャリア教育を行うことで早期の離職者が減少し進学後の退学者が減少することが、まず最初の課題であろう。

三　文部科学省の示すキャリア教育の指針

第一節に述べた背景のもとで大学に導入されてきたキャリア教育であるが、その学習内容はどのようなものであり、どのような形式で実施されているのであろうか。文部科学省は、大学でのキャリア教育の導入方法やキャリア形成支援についていくつかの例を示しているので、それを紹介することでキャリア教育のイメージを把握したい。

まず、キャリア形成支援の取組み例として文部科学省が例示している一つの形が、教育課程全体を通じてキャリア志向を高める試みである。東京女学館大学ではキャリア形成に必要な「一〇の底力」というものを制定している。たとえばコミュニケーション能力、ディスカッション能力、IT能力などを一〇個制定し、「一〇の底力」と名付けている。その上で同大学において開講される全ての科目のシラバスに、この科目を履修すると「一〇の底力」のうち、〇〇力と〇〇力が育成できると明示されている。キャリア教育をある特定の科目を実施して行うのではなく、大学全体の取組みということで紹介されている。

二番目に紹介されている形は、通常の授業を、教育方法の改善をすることでキャリア形成支援に繋げる方法である。名古屋商科大学で開講されている「企業倫理」を例に挙げて説明している。この授業は講義とともに、授業の中で学生がディスカッションを行い、ディスカッション能力を向上させる

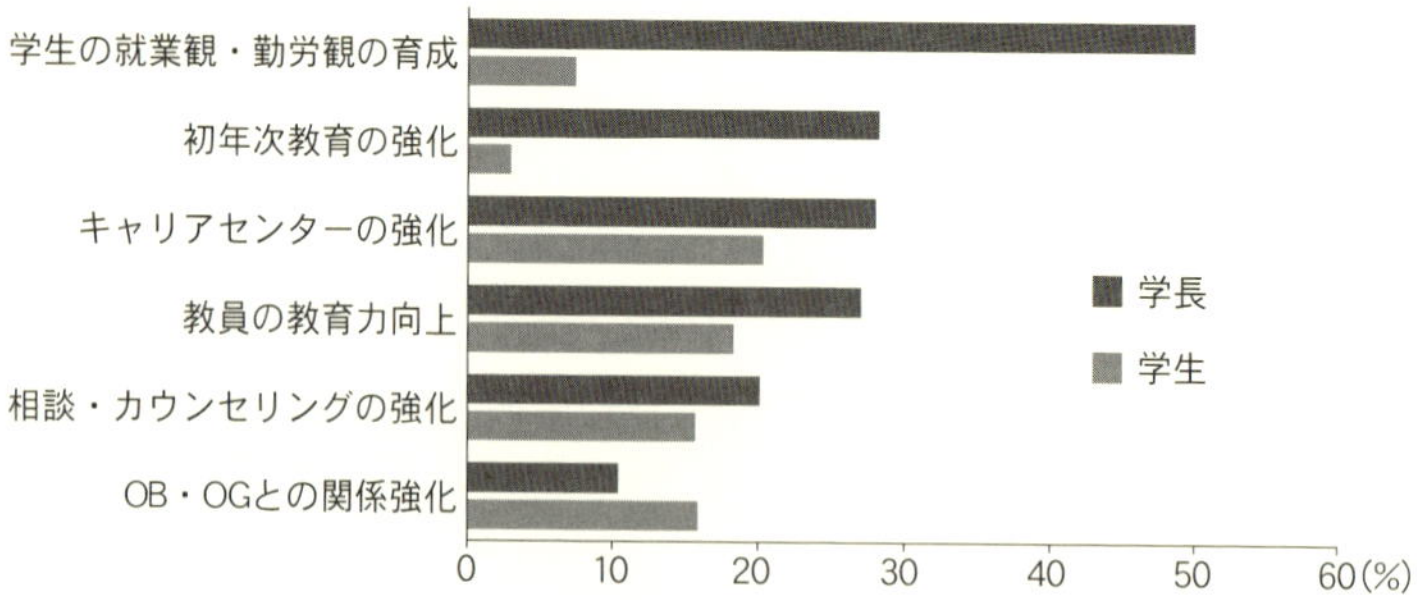

図４－２　就業力育成で重要な対策（学長調査と学生調査の比較）
出所：『リクルートカレッジマネジメント』2011年2月号　p. 32より筆者作成.

ということをシラバス上で謳っている。従来の開講科目を、授業方法を工夫することでキャリア形成につながる能力育成を行う例として紹介されている。

三番目に紹介されている形は、多くの大学が取り入れている形式で、就業意識啓発のために社会で活躍している同窓生や企業経営者などの外部講師を招き、特別講義を実施する形である。名古屋大学の場合には「キャリア形成論」という科目名で、一〇名の異なる業界、業種で活躍する同窓生が特別講義を行っている。

四番目に紹介されている形は、学部の教員がキャリア形成や就職後に直面する実社会の問題について講義を行う形式である。和歌山大学の「職業社会と資格制度」という科目を例に挙げ説明している。この授業では、フリーターの問題、年金制度や社会保障の問題、ワークライフバランスの問題などを扱う。社会を知るための専門科目の開講もキャリア教育と考えられている。

文部科学省は当該大学の実情に合わせさまざまな形式でキャリア教育を導入する例を示しているが、大学や学生はキャリア教育の導入をどのように捉えているのであろうか。

リクルートのグループ企業であるリクルートマネージメントソリューションズ（本社：東京都千代田区）が、文部科学省が大学設置基準の改定を公表した後の二〇一〇年七月に、全国七八〇の大学の学長にキャリア形成支援に関しての意識調査を行っている（有効回答三八〇大学）。その結果、約半数の学長が就業力育成で重要な対策は「学生の就業観、勤労観の育成」（五〇・〇%）であると答えている。次に「初年次教育の強化が重要である」（二八・二%）、「キャリアセンターの強化が重要である」（二八・〇%）、「教員の教育力の向上が重要である」（二七・〇%）と回答割合が高くなっている。

同社はリクルートの就職支援サイトに登録している学生一万人に対しても、同様のキャリア形成支援に関しての意識調査を行っている（有効回答数一二〇〇人）。学生に対する調査では「キャリアセンターの強化」（二〇・〇%）、「教員の教育力向上」（一八・三%）、「OB・OGの情報提供」（一五・九%）や「カウンセリング」（一五・七%）などの回答数が高く、学生は就職に即結びつくものを求める傾向にあることが窺われる。

四　大学におけるキャリア教育の現状と課題

大学において実際キャリア教育はどのように実施されているのか。社団法人国立大学協会教育・学生委員会は「大学におけるキャリア教育のあり方」（二〇〇三年）を提出し、その中でキャリア教育の問題点を次のように指摘している。「「就職を支援するための教育」の性格がみられること、「キャリア教育」の専門家・スタッフの不足、教育目標が「就職活動の準備」から「生き方の学習」まで、また「社会や産業に関する情報学習」から「職業観などの内的発達」まで幅がありすぎることなどが問題である」。

筆者は、各地の四年生大学に開講されているキャリア教育科目のシラバスを精査することでキャリア教育の現状を分析し、課題を抽出した〔中里 二〇一二〕。分析に当たり二〇一〇年度にキャリアという名前を付した科目を開講している五〇大学（国公立大学二三、私立大学二七）選択し、開講状況、学習内容にどのような項目が含まれているかなどを調査した。

大学で開講されているキャリア教育科目は「キャリアデザイン概論」を初め、「キャリア形成論」「キャリアプランニング」「キャリア開発講座」「キャリアデベロップメント」等さまざまな名称を持つ。調査をしたこれらの科目の学習内容は、概ね次の八つのカテゴリーに分けられる。①大学生活の充実、②自己理解・自己分析の推進、③職業観・勤労観の育成、④社会認識、社会情報の収集、⑤キャリアプランの作成、⑥社会人基礎力の育成、⑦キャリア理論の理解、⑧就職支援である。

⑥の社会人基礎力の育成は、経済産業省が提唱している社会人基礎力（「考え抜く力」「前に踏み出す力」「チームで働く力」）を実践を通して育成する内容であり、⑧の就職支援は、エントリーシートの作成、ビジネスマナー指導、一般常識問題対策など就職支援を行う授業である。キャリア教育科目の学習内容は確かにこのように幅広い。しかしながらこれらの学習内容は、パーソンズの「職業選択の理論」やスーパーの「職業的発達理論」、バンデューラの「社会的学習理論」に適合すると考えられる(3)。

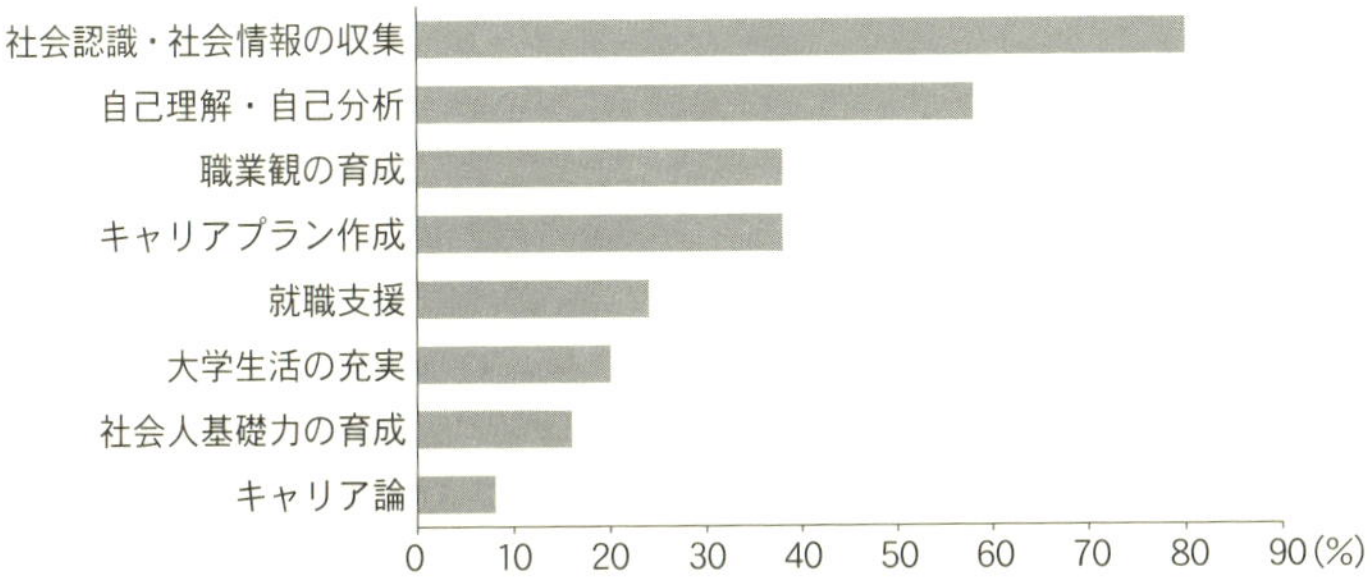

図4－3　キャリア教育科目の学習内容

出所：50大学の2010年度シラバス調査より筆者作成.

これらの八つの学習項目がどの程度取り入れられているかを分析したものが、**図4－3**である。全ての項目を取り入れている大学もあれば、一部の項目だけを学習している大学もある。⑧の就職支援に関する学習内容は、就職試験対策と考えられるがこの内容をキャリア教育に取り入れている大学は、あくまで一部の大学でありキャリア教育科目が就職試験対策であるという指摘は、当てはまらないであろう。

キャリア教育の専門家・スタッフの不足という指摘はどうであろうか。この問題を考えるためにキャリア教育が大学でどのように実施されているのか、担当者と授業形式の面からを考えてみたい。

一番多い形式が、教養科目・一般教養科目の中の一つとして開講されている場合で、ほとんどが選択科目の扱いになっている。担当教員は、キャリア教育の専門教員が担当する場合、非常勤講師の場合、心理学や教育学など他の分野が専門の教員が担当する場合に分かれる。非常勤講師の場合ほとんどが、キャリアコンサルタント、就職支援を本業とする方たちでこの辺りがキャリア教育科目は就職支援の性格を持つという指摘にも繋がるらしい。教養科目としての開講の場合、広島大学のように一〇〇名を超す受講者がいる場合も珍しくない。

二番目の形式が大学主導で開講する場合で、こちらは他の科目に見られない特徴となっている。キャリア教育が専門でない大学の専任教員が、複数で同一カリキュラム、同一教材を用い授業を進める形である。武蔵野大学のように独自のテキストを作成している大学もある。同じ講義を同時期に複数開講できるので、少人数による必修の授業が可能になる。

三番目の形式が、各学部の専門科目として開講している場合で、さらに二つのパターンがある。一つは外部講師の講話が主体となっているもので、一〇回から一三回を同窓生や企業経営者が話をする形で進める。こちらの問題点は、ゲストスピーカーが毎回代わることで授業としての統一性に欠けること、講話を聴くことに終始するので情報収集に終わり能力育成に結びつかない懸念が出てくることである。もう一つは、学部にキャリア教育の専門教員を配置する場合である。

四番目の形式は、授業そのものを外部の就職支援会社に委託する場合である。専任教員の名前で開講、単位認定をしているが、就職支援会社が登録してある外部講師を派遣し、実際にはその講師が授業を行う。この場合授業内容は就職支援に偏った内容になる。大学にキャリア教育を行うノウハウが不足しているために、このような外部委託を行う場合があり、そのことがキャリア教育は就職支援を行っているとの誤解を生じる原因ともなっているのであろう。

キャリア教育の専門家の育成は進んでいるのであろうか。残念ながら否である。日本の大学の中でキャリアの研究者を育てる大学院の研究科を設置しているのは、法政大学のみである。同大学では人の専門家、キャリア形成を支援できる専門家の育成を謳っている。二〇〇五年に経営学研究科の中にキャリアデザイン専攻が設置され、二〇一三年にキャリアデザイン研究科として認定されたように、歴史は浅い。現在大学でキャリア教育を担当している教員のほとんどが、キャリア関連の研究科の修了者ではないと考えられる。

日本においてキャリア教育の専門家を育成する体制はまだ十分には整っておらず、そのことが一部の大学において外部の就職支援業者に授業を委ねることに繋がり、キャリア教育は就職支援教育というような誤解も生まれる一因となっていると思われる。

五　福井県立大学のキャリア教育

福井県立大学では、二〇一〇年七月にキャリアセンターを開設した。それまで学生生活支援課の一部であった就職支援部署を独立させ、専任の就職相談員を配置した。本学のキャリアセンターはキャリア教育と就職支援の二つの機能を持つと規定され、キャリア教育の専門教員として筆者が着任し、二〇一一年度の新入生より全学部においてキャリア教育を開始した。専任教員による本格的なキャリア教育の取組みは福井県において初めてとなる。キャリア教育の導入に当たりその位置づけ、内容について議論を重ね、本学のキャリア教育は就職支援ではなく、学生が自らの将来設計を行う力を育成し、自分の道を切り開く力を養成するものという基本方針が定められた。

写真4－1　グループ討議の様子

具体的には一年次前期に、「キャリアデザイン概論Ⅰ」、後期に「キャリアデザイン概論Ⅱ」、二年次に「キャリアデザイン特論」を履修する。経済学部、看護福祉学部社会福祉学科は専門科目の選択科目、生物資源学部、海洋生物資源学部、看護福祉学部看護学科はキャリア教育科目の選択科目として配置されている。選択科目ではあるが経済学部の一年生の場合九割以上の学生が履修登録をするなど、キャリア教育に対する学生のニーズの高さが窺われる。「キャリアデザイン概論Ⅰ」では、キャリア形成の意義を学び、自己理解・自己分析、キャリアプランの作成を行うほか、グループワークや二人一組でのディスカッションを取り入れ、職場で求められるコミュニケーション能力の育成も目指している。「キャリアデザイン概論Ⅱ」では、働くことの意義を理解し、職業・業種や働く上で必要になる制度や社会保障を学び、社会が求める人材を理解し自分の方向性を考える。二年次の「キャリアデザイン特論」は、経済産業省が提唱している「社会人基礎力：考え抜く力・踏み出す力・チームで動く力」をグループワークの実践の中で身につけることを意図している。二〇一二年度は、グループで興味のある職場を決め、アポイントメントを取り実際に訪問した。実践の過程で企画案、途中経過、訪問結果の報告を発表することでプレゼンテーション能力の育成も期待する。

本学のように、キャリア教育として実践的な内容を取り入れ「社会人基礎力」を育成しようとする取り組みは他の大学でも見られる。小樽商科大学の「地域連携型キャリア開発」では、グループで地元の特産品の販促企画や地域おこしのイベントを企画し実践する。広島大学のキャリア教育科目である「フロントランナー」では、学生がグループで地域を活性化するプログラムを考え広報戦略を練り発表する。岐阜大学の「自分らしいキャリア設計」では、学生が地元企業を訪問し経営者にインタビュー調査を行い、その結果を発表する。いずれの取組みも、チームワーク、行動力、プレゼンテーション能力などの育成を期待している。これらのプログラムは専任教員が担当することで、初めて可能になり、地元企業や地域との連携も欠かせない。

写真4－2　地元金融機関人事責任者による講義の様子

福井県立大学のキャリア教育のもう一つの特徴は、学部の専門性に合わせた外部講師をゲストに招き特別講義を実施している点である。地元新聞社の論説委員長、製造業の経営者、金融機関支店長、福祉施設の施設長など、一年間に延べ二〇数名の外部講師を招聘する。講話を聴くだけでなく実際に企業を見学する機会も設定し、学生が将来の働くイメージや就職後のキャリア形成を具体的に描く手助けをしている。

本学の入学者は約半数が福井県以外の出身者である。そして約半数の卒業生が福井県以外で就職し、全員が地元企業・団体に就職するわけではない。地方の大学の特性として繋がりの深い地元の企業を学び、将来をイメージすることは、自分の出身地で就職するにしても、全国エリア、海外で活躍するにしても役に立つはずである。

六　キャリア教育の効果

「キャリア教育を行うことで効果はあるのか」キャリア教育に関する講演を行うと決まって出る質問である。キャリア教育は、直接的に就職を支援する教育ではないと考える。効果に対する期待が就職率の向上という意味であるならば、キャリア教育の実施よりも高校生・大学生の就職活動時の経済環境、景気に左右される面が大きいであろう。

キャリア教育の目的の一つが、職業観・勤労観の育成にあるとするならば、離職率の低減につながるとの期待が持てる。残念ながらキャリア教育実施前と実施後の離職状況の変化に対する調査は行われていない高校、大学が大半である。特に大学生の場合、就職先は全国に広がり追跡調査が難しい。従来、高校や大学においては進路が決まることに重点が置かれ、その後の就業の継続については注目していなかったのが実情であろう。

大学のキャリア教育科目の場合、学生に対する授業開始前と授業終了時にアンケート調査の形で効果測定が行われる場合が多い。福島大学では人間発達文化学類に在籍する一年生は「キャリア形成論」

が必修科目である。同大学の中間玲子は、授業の中間時点、終了時点でアンケート調査を実施しその成果を『京都大学高等教育研究』で報告している。終了時のアンケートでは「自分と向き合い自分の人生を見つめること」の達成度が七・九七（一〇点満点）、「働くことの意義や理解を深めること」の達成度が七・六九、「大学で学ぶことの意味を考え、学ぶ主体としての自己を確立すること」の達成度が七・四六と高い数値を示している。履修学生だけを対象にしたアンケート調査で、未履修の学生の意識と比較していないこと、達成度の判定基準が学生の主観に置かれているなど、効果測定としての不正確さは否めない。

また、四天王寺国際仏教大学の森山廣美は「キャリアデザイニング」において、授業開始の四月と終了時の七月にキャリアへの「関心性」「自律性」「計画性」について「よくあてはまる」から「全く当てはまらない」の五段階評価で、アンケート調査を実施し、同大学の紀要に発表している。その結果、女子についてはすべての項目で得点の上昇が見られたが、男子では下がった項目が見られた。この調査は個人の得点の変化を集計したものではなく、受講者全体の平均を比較しており、測定方法に無理があったのではないであろうか。測定方法についても工夫、研究が期待される。

キャリア教育は、導入されてまだ日が浅い。今後も各担当者が、カリキュラム、教材の改定を進めながら自校の生徒、自学の学生に則した教育内容を模索していくと思われる。性急に効果を求めるよりも、効果があると信じ進めていくことが肝要ではないであろうか。

おわりに

キャリア教育はさまざまな経緯を経て、高校、大学に導入されてきた。大学によっては就職率の向上を目的として導入され、入学者の確保を意図する場合もあり、学習内容の中に就職対策の内容を実施することで単位を認定している大学も一部には存在する。そのことがキャリア教育科目は就職支援のための授業を行うという誤解や批判を一部の方に招いていることも事実であろう。

キャリア教育の本来の目的は、文部科学省が示すように「自らの資質を向上させ、社会的および職業的自立を図るために必要な能力を培うこと」にある。決して就職だけを目指すものではなく、キャリア教育科目の中だけで実施されるものではない。社会的および職業的自立を図るために必要な能力とはどのようなものなのか、どのように育成するのか、模索しながら高校や大学ではキャリア教育に取り組んでいるのが実情であろう。

大学においては教養科目や専門科目を学び、大学生として自立し社会性を身につける中で、社会で必要とされる能力は育成されてきた。高校への進学が当たり前になり、大学の進学率が上昇することで、学びの目的、意欲が希薄になり、社会性を身につける機会が少なくなっていると考えた場合、改めてキャリア教育という形で学習する科目が必要になってきたのかもしれない。

高校や大学では多様化する生徒、学生に合わせキャリア教育を進めている。講義だけでなく実践型の教育を取り入れ、行動力やコミュニケーション能力の養成を図っている場合も多い。しかしながらキャリア教育は高校や大学で行われている教育の意図を伝え、それらの教育が社会に役立つものであることを認識させることで、生徒・学生の学びや生活への意欲を向上させるものではないか。キャリア教育だけが独り歩きすることがないように祈りたい。

注

(1) 二〇一一年五月、福井県立大学全学部一年生対象の「キャリアデザイン概論I」受講者に実施。
(2)「高校生の進路と教育を考えるWebマガジン」二〇一一年五月掲載。
(3) パーソンズ（Parsons, F.）の「職業選択の理論」は、職業選択においては個人の特性と職業の特徴とを適合させることが重要であるというものである。スーパー（Super D. E.）の「職業的発達理論」は、人は役割や職業を通して自己概念を明らかにしていくものであると唱えており、バンデューラ（Bandura, A.）の「社会的学習理論」は、さまざまな情報を間接的に体験しモデリングすることがキャリア形成に効果があると説くものである。

参考文献

上西充子『大学のキャリア支援――実践事例と省察――』経営書院、二〇〇七年。

川喜多喬「キャリアルネッサンスに貢献する大学の役割」『私学経営』第四三一号。

中里弘穂「大学におけるキャリア教育実践の現状と今後の展望」『経済教育』第三〇号、二〇一一年。

中間玲子「キャリア教育における教育効果の検討」『京都大学高等教育研究』第一四号、二〇〇八年。

三村隆男『キャリア教育入門―その理論と実践のために―』実業之日本社、二〇〇四年。

森山廣美「大学におけるキャリア教育の検証」『四天王寺国際仏教大学紀要』第四五号、二〇〇八年。

第5章

新卒者雇用の状況と新入社員の就職意識

優勝を目指しゼミ発表は堂々と

模擬面接も緊張の連続

はじめに

新規学卒者に対する雇用は、景気変動の影響を受ける傾向が強い。新規大卒者の求人倍率は売り手市場といわれたバブル期の後、バブル崩壊（一九九一年）から減少し、就職氷河期と呼ばれた二〇〇〇年前後には〇・九九倍に低下した。その後の景気回復を受けて二〇〇八年卒の大学生・大学院生の民間企業の求人倍率は、二・一四倍に上昇し、バブル期に迫る売り手市場をもたらした（リクルート「ワークス研究所」二〇〇七年調べ）。二〇〇八年九月米国発の金融危機は世界経済の悪化を招き、需要の減少は雇用調整という形となり非正規雇用者の削減や内定取り消しなどの社会問題を生み出した。新規学卒者の求人はまた減少し、二〇一〇年一・六二倍、二〇一一年一・二八倍、二〇一二年一・二三倍（同研究所調べ）と冬の時代が続いている（図5-1）。

その一方で新入社員の離職率は、求人倍率の高低にかかわらず高止まりを続け、せっかく確保した正社員の座を手放す若年労働者が多いのも事実である。雇用が厳しい時代においては中途の正社員採用者は少なく、早期離職者はアルバイトや非正規雇用者になる確率が高いと指摘されている。

就職状況の厳しさは若者の職業選択、就職意識にどのような影響を与えるのか。本章でまず、景気の影響が新規学卒者の進路にどのような影響を与えたのか、進路状況を概観する。次に「就職先の選択理由」や「就業目的」「就業の継続」など新規学卒者の就職に対する意識を経年的に捉え、求人倍

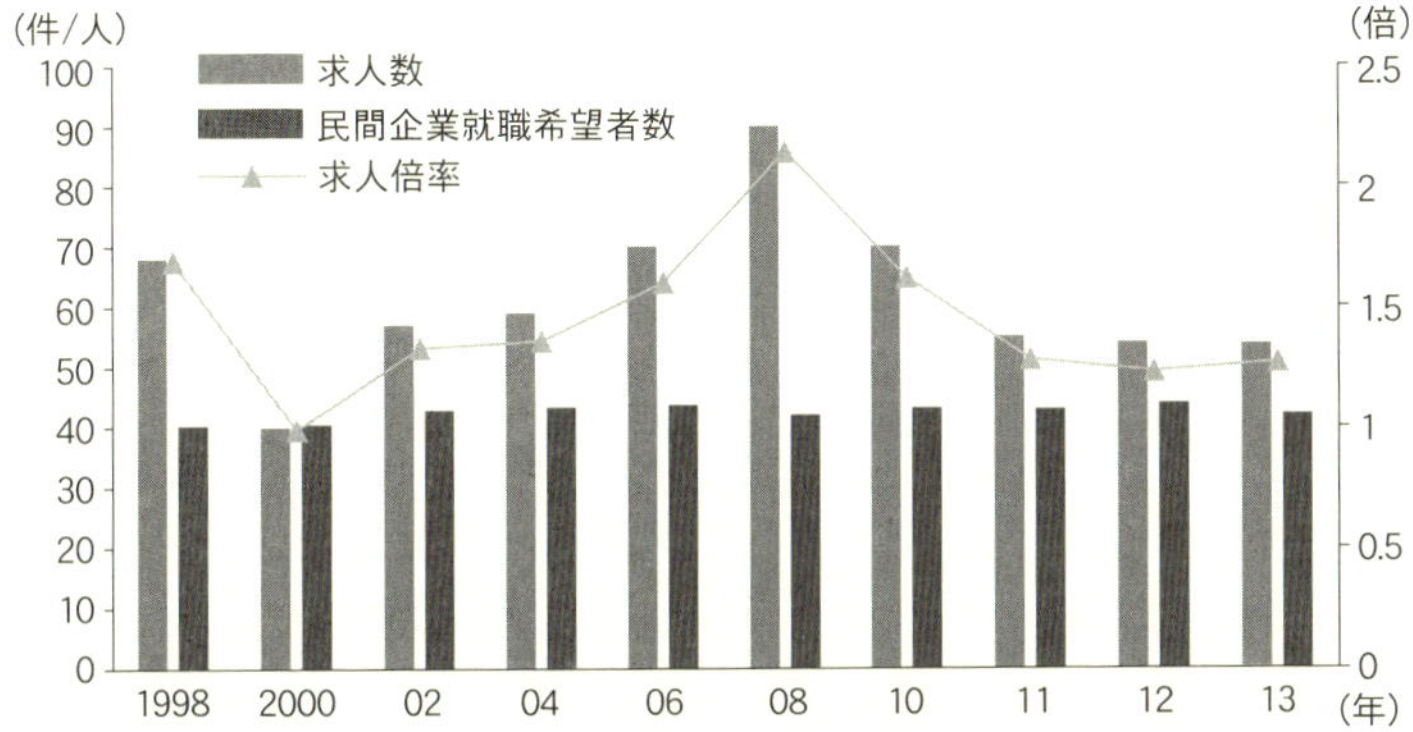

図５－１　求人数，民間企業就職希望者数，求人倍率の推移

出所：リクルートワークス研究所「大卒求人倍率調査」(2013年)より筆者作成.

率の高低、言い換えれば景気変動が学卒者の就職意識にどのような影響を与えるのかを考察する。この分析にあたっては、日本生産性本部が四〇年以上にわたり同所主催の新入社員研修の参加者に対して実施してきたアンケート調査の結果を使用する。さらに筆者が福井県で実施した新入社員の就職意識調査の結果を全国調査と比較し、地方への就職者の意識との違いを探る。

新入社員は、職業キャリアの入口に位置すると考えられる。新入社員の就職意識を環境の変化や就職地域の特性で分析することにより、その後のキャリア形成に対する支援の方向性も見えてくるのではないであろうか。

一　新規学卒者の進路と就職状況

文部科学省が毎年実施している「学校基本調査」によれば、バブルが崩壊した一九九一年、高校卒業者の大学等進学率(以下進学率)は三一・七%であった。その後徐々に上昇し、就職氷河期といわれた二〇〇〇年には四五・一%、二〇〇七年には五一・二%、二〇一二年には五三・五%になっている。全国的には、高等教育を受けた若年労働者が増加していることになる。これは企業が高卒者よりも大卒者の求人を増やしているという状況にも合致している。

地方の中で、雇用状況が良いと言われる福井県の場合はどうか[1]。就職率も進学率も全国を上回っているが、進学率は年々上昇している（表5-1）。就職率と進学率の合計が一〇〇%にならないのは、専門学校への進学、一時的な職業につく場合や無業者があるからである。

大学卒業者の進路状況はどのように変化したのか。バブルが崩壊した一九九一年、就職氷河期の二〇〇〇年、売り手市場といわれた二〇〇七年、再び就職氷河期と言われる二〇一二年を比べてみる。一九九一年全国の四年生大学卒業者数は四二万八〇七八人であったが二〇〇七年には三〇・六%増えて五五万九〇八三人になっている。二〇一二年の卒業者は五五万九〇三〇人とほぼ横ばいである[2]。大学卒業者数が増加する中で二〇〇〇年に就職もできず進学もしなかった無業者が大幅に出現した。このことは社会問題ともなりニート・フリーターが増加する原因の究明や対策が盛んに議論された［玄田 二〇〇一、小杉 二〇〇四］。

景気回復に伴い求人数が増加すると無業者は減少したが、二〇〇七年三月の卒業者においても全卒業者数五五万九〇八三人の一二・三%が就職もせず、進学もしない状況で大学を卒業している。就職状況が再び厳しくなった二〇一二年、大卒無業者は一五・五%、八万六六三八人に増加している。無業者数の多い地域は東京・大阪といった都市部である[3]。

表5－1　新規高卒者の就職率と大学等進学率

（%）

	2000年		2003年		2006年		2007年		2012年	
	就職率	進学率	就職率	進学率	就職率	進学率	就職率	進学率	就職率	進学率
全　国	18.4	45.1	16.6	44.6	18.0	49.3	18.5	51.2	16.8	53.5
福井県	24.0	49.4	20.4	50.4	20.4	54.5	22.4	55.5	22.0	54.9

出所：文部科学省「学校基本調査」（2000, 2003, 2006, 2007, 2012年版）より作成.

表5－2　新規大学卒就職者数

（人）

	1991年		2000年		2007年		2012年	
	就職者	無業者	就職者	無業者	就職者	無業者	就職者	無業者
全　国	347,862	22,121	300,687	121,083	377,731	69,294	357,208	86,638
福井県	1,186	86	1,400	195	1,485	89	2,139	99

出所：文部科学省「学校基本調査」（1991, 2000, 2007, 2012年版）より作成.

地方ではどうか。地方においても求人が減少した二〇〇〇年に、大卒無業者が多く出ている。その中では、福井県が堅実で、少ない。**表5－2**のように大学卒就職者数が順調に増加し、無業者数は少ない。新規学卒者の求人状況をみる場合に、高卒者の就職率と求人倍率を比較するとその地域の雇用状況がわかる。高卒者に対する求人倍率は、全国的には一・三〇で回復しているように思える。青森県、など東北の四県、熊本県など九州の六県を初め地方の一四の県で高校生に対する求人倍率は一・〇倍を下回っている。これらの地方の高卒者は地元での就職がかなわず、県外での就職を求めることになる。熊本県のように求人倍率は〇・七五倍であるが、県外就職も含め高卒者の就職率は九六・三%と高くなっているのが実情である。新規学卒者に対する求人は全国的には回復してきたが、九州地方や東北地方などでは地元就職希望者のニーズを満たせない状況にある。

学生の就職活動にはどのような変化があったのか。バブル崩壊以降、学生の就職活動における一番の変化は就職活動にインターネットが活用されていることであろう。大卒新入社員のうち就職活動の情報源としてインターネットを利用した割合は、九四・四%にのぼる。(4) インターネットの活用は就職先の情報入手を容易にし、求人情報の伝達コストを低減させたことなど、就職活動における地方在住という距離の壁を低くしたと言えるであろう。

二　新入社員の就職意識調査の概要と意義

企業に就職した新入社員は、どのような就職意識を持っているのか、就職状況の厳しさは新入社員の就職意識にどのような影響を与えているのか。本節では新入社員が企業選択や仕事に対しどのような意識を持っているのかを、日本生産性本部が発行している全国版「新入社員「働くことの意識」調査報告書」の結果を元に、近年において就職状況の良かった二〇〇七年と就職状況が悪化した二〇一二年を比較することで考察する。同時に地方に就職した新入社員と意識の違いがあるのかも分析する。

財団法人社会経済生産性本部では一九七一年以来、毎年東京で開催される同社の新入社員研修に参加した新入社員を対象に「働くことの意識調査」を実施している。この調査は、ほぼ四〇年にわたり同一の質問項目で新入社員に回答を求めている、非常に意義のある調査と考えられる。

二〇一二（平成二四）年の調査は、東京のオリンピック記念青少年総合センターにおける「平成二四年度新社会人研修村」参加者全員を対象として行われた。有効回答数は二〇三六人である。この調査の特徴は、研修の場で実施しているので有効回答率が高いことと、業種や企業規模、学歴、男女の偏りが少ないことである。就職先の従業員規模は一〇〇〇人未満の企業が二八％、一〇〇〇人以上の企業が七二％になる。この調査の回答者は数百人の新入社員を採用するほどの大企業でもなく、新入社員研修を実施しない零細企業の新入社員でもないごく普通の新入社員の意識の集約とみてよいだろう。

地方に就職した新入社員の就職意識の分析には、筆者が二〇〇七年に福井県で実施した調査結果（回答数二六八人、男性一四八人、女性一二一人、高卒九〇人、短大等卒七五人、大卒以上一〇三人）を使用する。福井県調査においては、日本生産性本部と同じような質問を行った。地方新入社員の特性を明らかにするために、必要に応じ熊本商工会議所調査（回答数四五〇人：二〇〇七、二〇一二年）や岐阜県・愛知県・三重県の新入社員を対象にした株式会社共立総合研究所（岐阜県大垣市）調査（回答数一一〇六人：二〇〇七、二〇一二年）を加味する。

「働くことの意識調査概要」

調査期日：二〇一二年三月一二日（月）～四月三〇日（月）

有効回答総数：二〇三六人（男性一一四一人、女性八九〇人：高卒三〇五人、短大・専門学校卒三八九人、大学・大学院卒一二九四人、その他四八人）

三　就職先の選択理由と就職活動の情報源

本節では、就職先の選択理由と就職活動の情報源について考えてみよう。新入社員たちはどのような理由で就職先を選択しているのだろうか、就職状況の厳しさは就職先の選択理由に影響を与えるのであろうか。

二〇一二年の場合、最も多い回答は「自分の能力・個性が活かせるから」で、全体の三七・〇％である。以下「仕事がおもしろいから」（三二・五％）、「技術が覚えられるから」（一〇・六％）と続く。個人の能力や興味に関連する項目の割合が高く、勤務先の企業に関連する項目は低くなっている。「経営者に魅力を感じて」（五・三％）、「一流会社だから」（三・九％）、「地理的条件がよいから」（三・四％）などは六％に満たない数字である。就職先の選択理由について学歴による違いはあまり見受けられない。

この調査の始まった一九七〇年代の初めには「会社の将来性を考えて」が第一位で、二五％前後がこの理由を挙げている。その後「自分の能力・個性が活かせるから」の回答割合は上昇し、「会社の将来性を考えて」は低下する。就職氷河期と言われる二〇〇一年には一〇％以下になってしまう。日本生産性本部の岩間研究員は新入社員が会社を選択する基準は「会社」から自分がやりたい「職」へ軸足を移していると分析する［岩間　二〇〇六］。

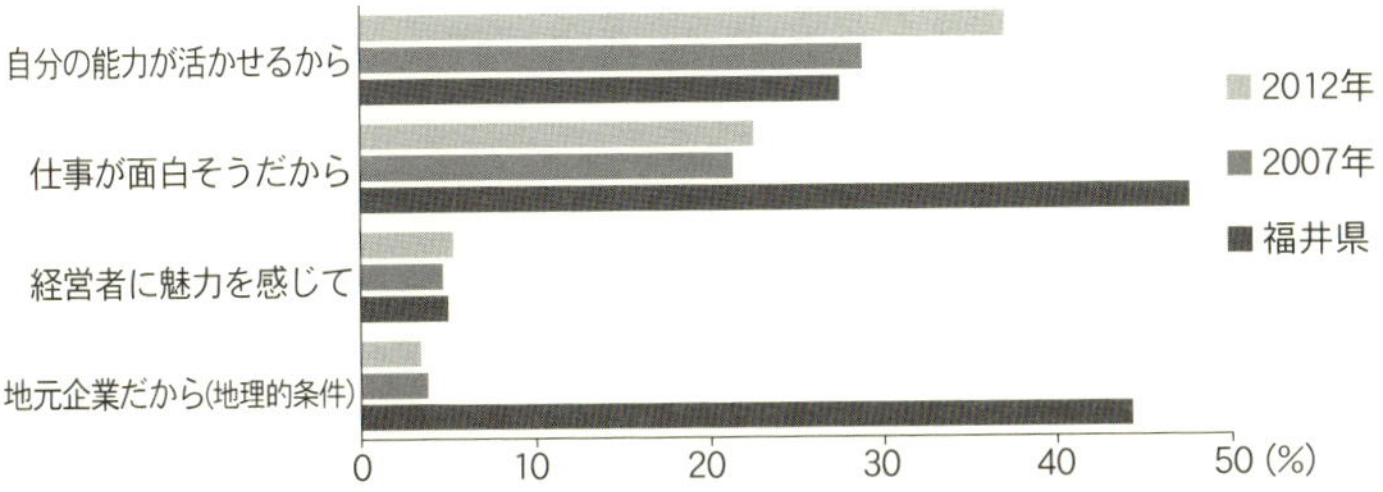

図5－2　就職先の選択理由

出所：「新入社員働くことの意識」(2007, 2012年度), 福井県調査より筆者作成.

求人状況が回復した二〇〇七年と再び就職氷河期となった二〇一二年の回答選択率を比較すると、「自分の能力・個性が活かせるから」の回答選択が二八・八％から三七・〇％へ八・二ポイント上昇している。「一流会社だから」が一・一ポイント低下し、「経営者に魅力を感じて」が〇・六ポイント増加している。このような回答の変化も、学生が就職先の選択に際し中小企業にも目を向け始めた結果とも読み取れる。

就職先の選択理由は、全国と地方で大きく異なる。福井県の場合「仕事が面白そう」の選択が一位であるが、「地元企業だから」（四四・四％）が第二位になる。就職先選択において地元企業が重要視されることは、熊本県調査（二八・四％、第三位）、共立総合研究所調査（四四・一％、第二位）でも変わらず、就職状況の変化は職場選択の基準にあまり影響しないと考えられる。

就職先の選択に際し、どのような媒体を利用して情報を入手しているのであろうか。利用度の高い順に二〇一二年と二〇〇七年を比較すると「会社説明会」（八五・八％：八五・二％）、「インターネット企業ホームページ」（八六・四％：八三・九％）、「インターネット就職

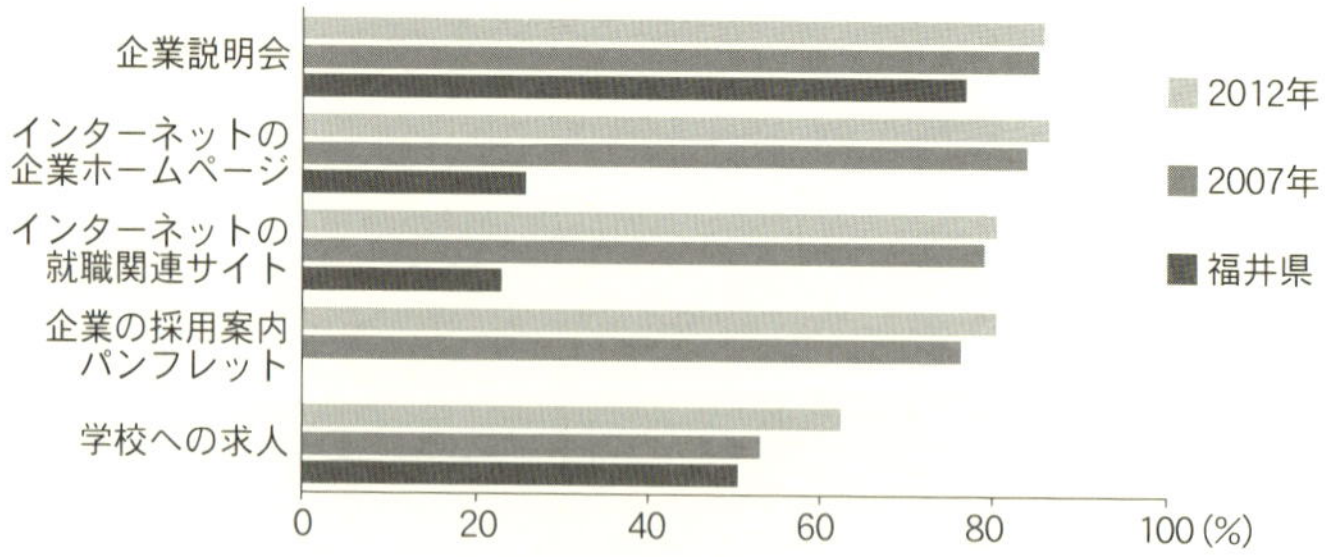

図5－3　会社選択に利用した情報源

出所：「新入社員働くことの意識」(2007, 2012年度), 福井県調査より筆者作成.

関連サイト」（八〇・四％：七九・〇％）、「企業の採用案内パンフレット」（八〇・八％：七六・三％）、「学校への求人票」（六二・四％：五三・〇％）となる。就職状況の厳しい二〇一二年の方が全体的に各情報を多く取得している。

就職活動の情報源については、学歴により大きな差が見られる。「学校への求人票」は高校生での利用は九四・三％と高いが、四年制大学卒は四五・四％と低くなる。逆に「インターネットの就職関連サイト」の利用は、四年生大学卒は九四・四％に上り第一位になるが、高校卒業者は二七・三％である。大学生の就職活動には求人情報の入手、企業説明会の参加申し込み、エントリー、場合によってはＷｅｂによる一次の入社試験まで、インターネットの利用が就職活動の主流となっている。

直接コミュニケーションが取れる機会である会社説明会の利用はどうか。四年制大学卒は九五・七％が利用している。高校卒業者の利用は四八・二％にとどまる。高校生の場合ハローワークを経由した学校求人に応募する場合が大半である。高卒者の場合三年以内の離職率が高いことが問題視されている中、就職先の情報について訪問等を通して直接入手する機会が少ないとしたら、改善の余地はあるであろう。

就職活動の情報源においても、全国と地方で差がみられ、地方ではインターネットの利用割合が全国に比べ少ない。熊本県調査でもインターネットの利用は、四八・七％に留まる。インターネットの利用が少ない原因としては、地方の場合中小企業が多く自社のホームページが充実していないことや、コストがかかることから就職情報サイトへの掲載が少ないことが考えられる。二〇〇七年二月時点でのリクナビサイトへの掲載は、福井県企業の場合わずか二七社に留まっていた。

就職活動の情報入手では、インターネットの利用率だけでなく「会社説明会への参加」「学校求人票の利用」など、全ての項目の利用割合が二〇〇七年に比べ上昇している。さらに四年生の大学卒者では二六・五％が「就職活動に時間を取られ授業にあまり出られなかった」と回答しているように、現在の就職活動はかなりの負担を学生に強いている。同時に、学生の本分である勉学に支障をきたしている部分も大きいと考えられる。

四　働く意識と就業の継続

若年者の早期離職が問題となる中で、働くことについてどのような意識を持っているのかは、就業を継続する上で重要になるであろう。

新入社員は「働く目的」についてどのような考え方を持っているのであろうか。二〇一二年の場合、

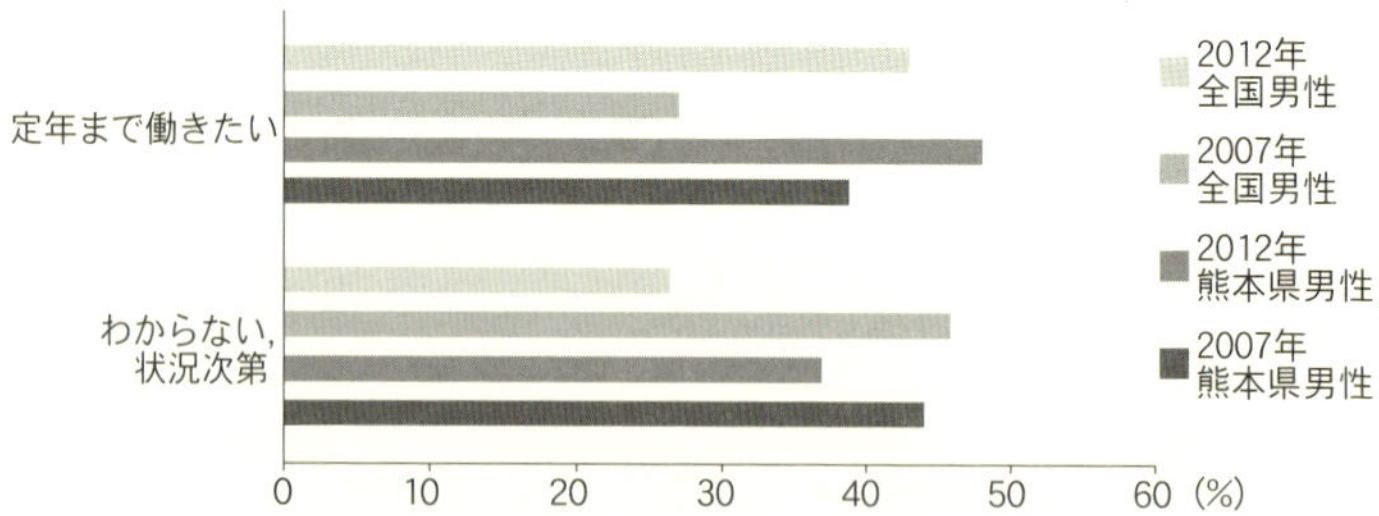

図５－４　就業の継続に対する意識　今の就職先でいつまで働くか

出所：「新入社員働くことの意識」（2007, 2012年度），熊本商工会議所調査より筆者作成.

第一位は「楽しい生活をしたい」（三七・六%）のエンジョイ派である。第二位は「経済的に豊かな生活を送りたい」（二四・一%）のリッチ派となり、第三位は「自分の能力を試す生き方をしたい」（一六・〇%）のチャレンジ派となっている。二〇〇七年と比較するとエンジョイ派、リッチ派の割合はほぼ同じであるが、チャレンジが、一・七%減少している。

バブル崩壊といわれた一九九一年はどうか。エンジョイ派三二%、リッチ派とチャレンジ派は共に二六%である。一九九一年の前後の五、六年も大体このような割合であり、ここ数年のエンジョイ派の急伸とチャレンジ派の減少は注目に値する。

就業の継続や昇進についてはどのような考え方を持っているのであろうか。「この会社でずっと働きたいと思いますか」という質問には、男性の四三・〇%、女性の二三・三%が「定年まで働きたい」と答えている。就職の厳しさ、経済環境の不透明さを反映してか二〇〇七年に比べ男性一六ポイント、女性一〇ポイントの大幅な上昇がみられる。「定年まで働きたい」志向はこの調査が開始された一九七一年以来二〇%から二五%であった。その後一九九〇年から二

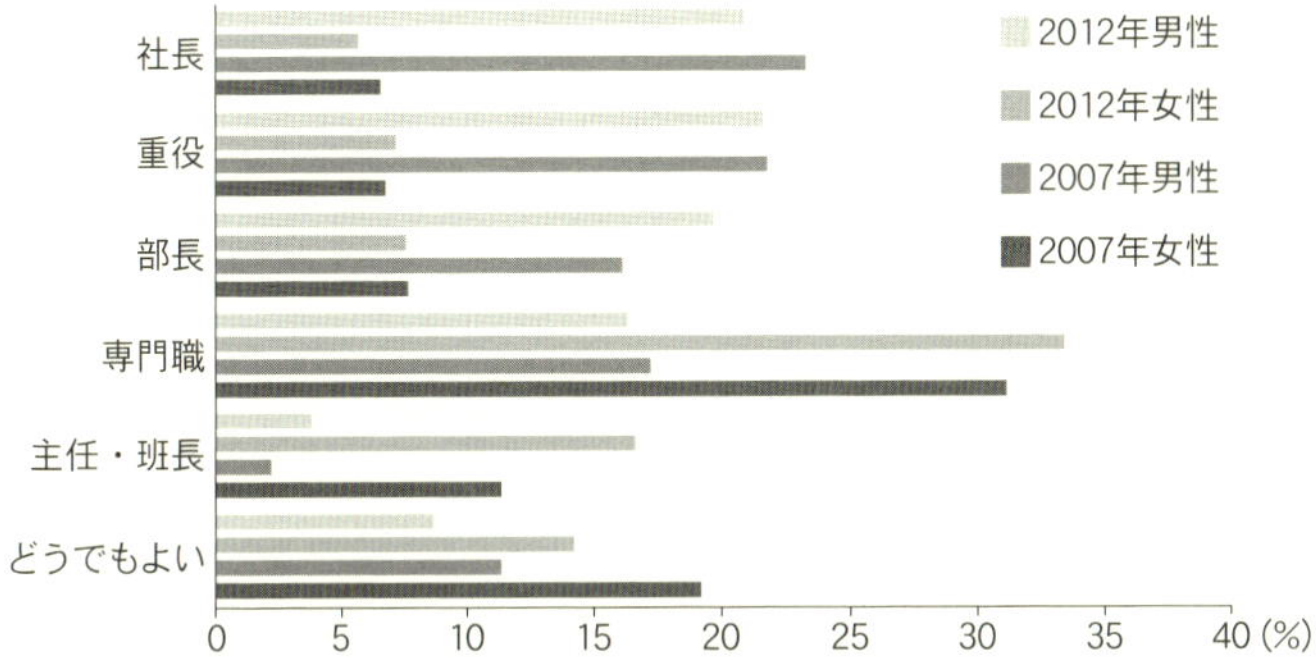

図5－5　新入社員の昇進希望

出所：「新入社員働くことの意識」(2007, 2012年度) より筆者作成.

〇〇五年まで二割以下となる。二〇〇六年を境に「定年まで働きたい」が、増加し二割以上になり、「状況次第で変わる」は四〇%以下に低下してゆく。自由を求めた若者は、就職状況が厳しくなると安定を求め、定年までの勤務志向が高まるのではないか。女性は腰掛け意識が強いともいわれるが、「状況次第で変わる」の選択が三七・五と八・三ポイント下がっており、就業継続についての意識は女性にもかなり高まっている。

　地方においてはどうであろうか。「定年までの勤務」志向は地方の方が強い。二〇〇七年時点では福井県の大卒者の場合、全国を一〇ポイント上回っていた。**図5－3**にみられるように、熊本県調査でも二〇〇七年、二〇一二年共に全国より高い。地方の新入社員の場合、地元の企業で長く勤めたいという希望が強いのかもしれない。

　昇進についてはどのように考えているのだろうか。男性・女性で回答に差が見られる。二〇一二年の男性の場合「重役」（二一・七%）、「社長」（二一・〇%）、「部長」（一九・八%）の順になる。二〇〇七年調査では「社長」（二三・四%）、「重役」（二一・

九%）、「専門職」（一七・三%）の順であった。女性は「専門職」（二三・六%）、「主任・班長」（一六・七%）、「どうでもよい」（一四・三%）となっている。同様に二〇〇七年は「専門職」（三一・三%）、「どうでもよい」（一九・三%）、「主任・班長」（一一・四%）の順であり、昇進に関心がないとの回答が約二割に及んでいた。男女共に昇進意欲は高くなっているとみてよいであろう。

地方の新入社員の場合、昇進に対するこだわりが全国より薄いように思える。福井県調査の場合、「どうでもよい」（二二・四%）、「専門職」（一八・八%）と昇進意欲が低いことが見て取れる。共立総合研究所の調査（二〇一二年）においても将来就きたい職位の第一位は「スペシャリスト」（四一・九%）になる。

五　就業の評価と働き方

新入社員は、給与体系や業務評価についてはどのように考えているのだろうか。「実力主義」賛成派は、男性の場合二〇一二年は五三・〇%、二〇〇七年は四九・七%、女性の場合四九・六%、四五・八%になる。「年功序列」賛成派は、男性二〇一二年二〇・三%、二〇〇七年一六・六%、女性二〇・一%、一六・一%である。学歴による差はあまり見られない。時代による差が見られ、二〇〇〇年前後の就職氷河期と呼ばれた時代は「実力主義」を望ましいとするものは五〇%の後半から六〇%台の回答があった。二〇〇七年の求人回復期には「実力主義」が男性の四九・七%、女性の四五・八

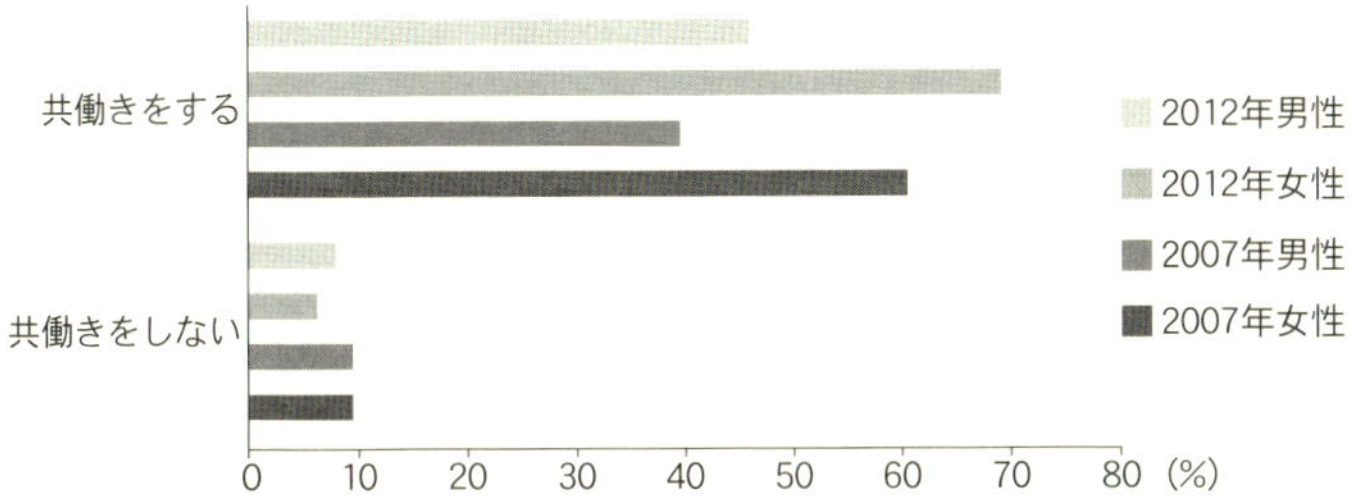

図５－６　新入社員の将来設計　共働きへの意識

出所：「新入社員働くことの意識」（2007, 2012年度）より筆者作成.

％と低下している。就職難の時代には自分の実力を頼りにするたくましさが生まれるのかもしれない。

将来設計についてはどのように考えているのであろうか。「結婚した場合共働きをするつもりですか」の回答を見てみよう。「共働き」支持は二〇一二年の場合、男性四五・九％、女性六九・一％になり女性の支持の方が高い。二〇〇七年の場合は、男性三九・五％、女性六〇・五％であるから共働き支持は増加している。男女別の数値は不明であるが、就職難といわれた二〇〇〇年は五一％が共働きをすると答え、就職状況がやや好転する二〇〇七年前後は四七％と少し低下する。その後就職状況が厳しくなり、共働き支持は五六％に増加する。

学歴の違いでは高校卒が四二・四％の支持に対し、四年生大学卒の五八・九％が共働きを考えているように、高学歴者が共働きを望む傾向にある。就職状況の厳しいときに共働き支持は、上昇する傾向があるようだ。この調査を開始した一九九〇年の共働き支持率は三一％であるから、大学進学率の上昇や女性の高学歴化の流れの中で多少の景気変動を反映しつつ、男女、学歴の違いはあるものの、共働き支持は上昇していると考えられるであろう。

同様に「女性は結婚したら家庭に入ったほうがよい」の設問に対して、「そう思う」「ややそう思う」の選択は調査年次に関わらず男性が多く、「あまりそう思わない」「そう思わない」の選択は、女性が多い。

おわりに

二〇一二年に高校、大学を卒業して就職をした新入社員の多くは、バブル経済の崩壊以降に生まれ景気が低迷する時代に高校生活、大学生活を過ごしてきた。彼らは働くことに対してどのような意識を持ち、どのような基準で就職先を選択しているのであろうか。就職氷河期と言われ新卒無業者が社会問題となった二〇〇〇年、景気の回復が見られ新入社員の採用が増えた二〇〇七年、リーマンショックを引き金として世界同時不況になり、再び就職氷河期に見舞われた二〇一二年を比較することで、若者の働くことに対する考え方の変化の一端が分析できたと思う。

二〇一二年の調査結果を二〇〇〇年、二〇〇七年の調査結果と比べると、就職難の時代から売り手市場の時代に変わりまた就職難の時代になっている中で、全国の新入社員の就職意識や働き方に関する指向は、時代環境の変化を反映する要素と就職状況の厳しさを反映する要素が見られる。

時代環境の変化を反映する要素としては、就職先の選択理由、就職活動情報の入手方法、働き方に対する意識の変化などが挙げられる。就職先の選択理由では会社の将来性や安定性よりも「自分の能力・個性が生かせる」職場を選ぶ傾向が、調査開始以来一貫して上昇している。企業を基準に選択する場合に比べ、「自分の能力・個性が生かせる」職場を選ぶためには、自己を知り職場や職についての理解が不可欠になる。その結果、就職活動に割かれる時間が増加することになる。

就職活動情報の入手では、インターネットの利用が普及してきたことにより、就職活動自体が大きく変化してきた。インターネットの利用は、多数の情報を手間をかけずに獲得できること、就職情報の入手における距離の壁を低くし、応募にかかる時間を節約できるなど利点も多い。しかしながらネットを検索することで就職活動をしている気持になる、説明会の参加申し込みやエントリーがネット上のクリックだけでできることから十分に考えない応募が増える、応募に対し電話等で企業と直接コミュニケーションを取る機会を失うなど新たな問題も生み出している。「自分の能力・個性を生かせる職場」を選択するためには、どのような情報を入手しどのように就職活動を進めればよいのか、今一度考える必要があるであろう。

もう一つ注目されることは「働き方に対する意識」の変化であろう。日本においては女性の就業率はM型と呼ばれ、二〇代後半に就業率のピークを迎え、その後結婚、出産で職場を離れることで就業率は低下し、子育て終了時の四〇代後半ぐらいでまた就業するパターンが一般的と言われてきた。大学進学率が上昇し、女子の大学卒が増加したことで「共働き」を支持する若者が男女を問わず増加していることは、少子化に伴う将来の労働力の減少を考えれば歓迎できるであろう。経済の大幅な成長が期待できない時代においては、一人の収入で家族を養うことが難しいと感じているからかもしれない。

就職状況の厳しさを反映する回答としては、「定年まで」の勤務希望や「人並み以上に働きたい」が挙げられる。どちらの回答も就職状況の厳しい二〇〇〇年前後、二〇一二年にその前後の年に比べ増加している。「共働き」の支持率も、就職状況が厳しい年に増加し、求人が多い年に低下する傾向がみられる。就職状況が厳しいので、就職先で長く勤務することを求める一方で、就職先で生き残るためには人並み以上に働く覚悟を持つ。同時に所得の上昇があまり期待できないので、共働きにより家計を維持しようということであろうか。

さらに、全国の新入社員の就職意識と地方の新入社員の就職意識には大きな違いが存在することがわかった。地方の新入社員は就職先の選択にあたり、「地元企業であること」「通勤の便」や「職場の雰囲気」を重視する傾向が強い。これらの就職先自体に関する選択理由は、全国調査の場合五％にも満たない。また、就職先の選択に関しては家族に相談する割合も高くなっている。就職活動においてはインターネットの活用が全国よりは低く、直接コミュニケーションを取れる会社訪問や企業説明会などの利用が高い。これは、地方企業は規模が小さいところが多く、インターネットでは十分な情報が入手できないことや、地方という狭い範囲においては会社訪問や企業説明会への参加が比較的容易にできることが要因と考えられる。「定年まで」の勤務を希望する割合は全国より高いが、昇進意欲はそれほど高くない。地方の新入社員は、いわば「堅実型」「生活安定志向型」と考えられる。

若年者の就業に関する意識について、都市部と地方ではかなり差があることは太田聰一も『若年者就業の経済学』の中で指摘している。都市部の若者は「専門的・技術的職業」への志向が強いが、地方の若者は仕事の種類にはこだわらず、「正規の職員・従業員」を選ぶ傾向が強い。この背景には地方の就業機会の少なさや、個人所得水準の低さ、第三次産業比率の低さなどがあると分析している。

地方の新入社員の就職意識について、福井県の場合は就職状況の回復した二〇〇七年次のものだけであったが、熊本県並びに共立総合研究所の岐阜県・愛知県・滋賀県・三重県の新入社員の二〇〇七年、二〇一二年の就職意識を比較しても、傾向にそれほどの変化は見られなかった。全国の新入社員調査でもその出身地は北から南まで全国になる。勤務地が全国型または首都圏中心型になる企業を選択しているか、地元勤務中心企業を選択しているかに違いがある。地方の新入社員は、就職状況が厳しいから地元企業を選択するわけではなく、当初から地方での安定した、堅実な働き方を志望する学生が地方企業を就職先として選択するのではないであろうか。

付　記

本章は中里弘穂「新入社員の就職意識」『東アジアと地域経済』を基に、新規データを加え書き直したものである。

注

（1）福井県の有効求人倍率は一・一六倍（二〇一二年八月）と、全国一位である。一年以上にわたり一位を維持しており、全国の中で雇用状況の良い地域と認識されている。
（2）文部科学省「学校基本調査」による。
（3）社会経済生産性本部『平成二四年度新入社員「働くことの意識」調査報告書』による。

参考文献

岩間夏樹「新入社員はこう考える――「働くことの」意識調査と日本的雇用慣行の行方」『新社会人白書』（財）社会経済生産性本部、二〇〇六年。

太田聰一『若年者就業の経済学』日本経済新聞出版社、二〇一〇年。

小杉礼子『フリーターとニート』勁草書房、二〇〇五年。

玄田有史『仕事の中の曖昧な不安』中欧公論新社、二〇〇一年。

中里弘穂「新入社員の就職意識とキャリア形成」『東アジアと地域経済』第九章、京都大学学術出版会、二〇〇九年。

（財）社会経済生産性本部編『平成一九年度新入社員「働くことの意識」調査報告書』、二〇〇七年。

（財）日本生産性本部編『平成二四年度新入社員「働くことの意識」調査報告書』、二〇一二年。

熊本商工会議所「新入社員意識調査結果報告書」（平成一九年度、二四年度）。

共立総合研究所「二〇一二年度新入社員の意識調査　報告書」二〇一二年。

第6章

企業におけるキャリアの形成方式

企業見学で担当者からお話を聞く

同期はいつでも頼れる仲間

はじめに

この章では、企業におけるキャリア形成の実態をさまざまな面から探りたい。本書のテーマである「若者のキャリア形成を考える」には、企業では実際にどのようにキャリア形成が行われているのかを理解しておく必要があるからだ。キャリアとは長期にわたる仕事経験であるが、働く人々はキャリアを一つの企業の中で築くのか、それとも企業をいくつか移り形成するのか、どちらが多いのであろうか。

そして企業においては、管理職、さらにはトップ・マネジメントまでキャリアがどのように連なっているのだろうか。具体的には企業の中にはさまざまな仕事があるが、それらをどれくらいの範囲まで経験するのかを明らかにしていく。なお企業はさまざまな従業員グループからなるが、この章ではホワイトカラー層に絞り、キャリア形成の近時の実態をみていくことにしたい。さらに日本の企業だけでなく、海外の企業ではどのようにキャリア形成が行われるのか、はたして日本と異なるキャリア形成方式が採られているのか比較することにしたい。

一　キャリア形成の方式

(1) キャリアはどこで形成されるのか

キャリアは一つの企業の中で形成するのが多いのか、それともいくつか企業を移り形成するのが多いのであろうか。それを確かめるために、厚生労働省「賃金構造基本統計調査」から、ここでは全労働者の年齢階級別勤続年数をみてみよう。**図6-1**のように、年齢階級が上がるとともに、勤続年数が増えていることがわかる。そして時系列の変化をみると、一九九〇年から二〇一〇年の二〇年間で、二〇歳から四〇歳代までの勤続には大きな変化はなく、五〇歳以上については、近年になるに従い勤続年数が伸びていることがわかる。これらから、キャリアは一つの企業の中で形成される割合が高いと言うことができる。

つぎに転職の実態を確かめることにしたい。はたして近年、企業を転職する者が増えているのであろうか。総務省「労働力調査」から、年齢階級別に転職率をみると、若年層（一五―二四歳）の転職率が最も高いことがわかる（**図6-2**）。しかしながら時系列にみると、景気により変化するが、急激に転職率が上昇しているとは言えない。

これら二つの調査から、若い時期には転職する割合が他の年齢層より高いが、その後一つの企業に勤め続ける傾向に変化はなく、キャリアが一つの企業内で形成される割合が高いことがわかった。

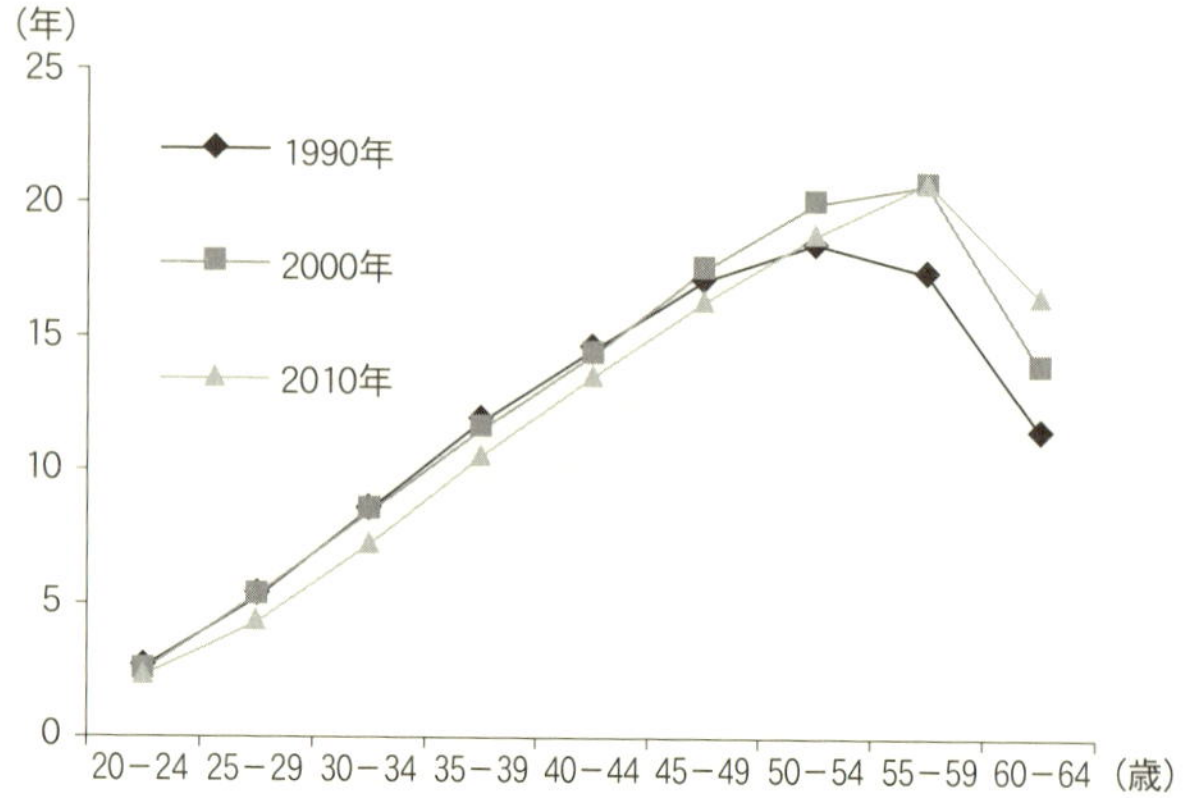

図６－１　年齢階級別勤続年数

出所：厚生労働省「賃金構造基本統計調査」各年版より筆者作成.

(2) キャリアの広がり

では企業の中でどのようにキャリアが形成されるのか。これまで事務系、技術系、さまざまな業種、仕事のタイプ別にキャリア形成の研究が蓄積されてきている。代表的な研究としては、日本労働研究機構［一九九七、一九九八］がある。これらの研究は日本、および欧米の大企業を対象に、ヒアリング調査とアンケート調査にもとづき、人材開発の実態を明らかにしている。その中で、部課長職のキャリアを分析しており、国を問わず専門職能内の経験が長く、その中でさまざまな異動を通じて技能が形成され、幅広い専門性が発揮されることを明らかにしている(1)。

二　職能別キャリアの形成方式

(1) 経理職能のキャリア形成

専門分野を中心としたキャリア形成の実態を職能別、

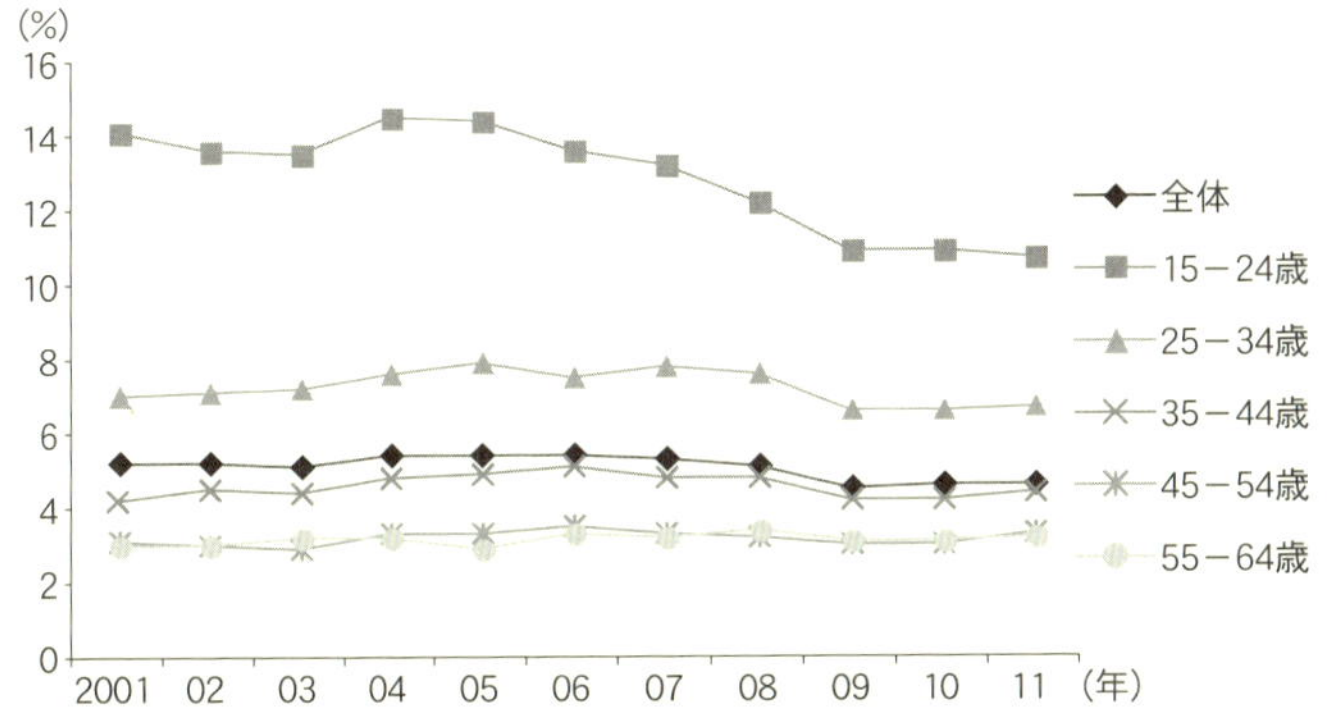

図6－2　転職率の推移

出所：総務省「労働力調査」各年版より筆者作成．

職位別に確かめていこう。まず職能別では、事務系、技術系のキャリアにわけて、その実態をみることにしたい。事務系については、経理、人事、営業職能を取り上げる。まずは経理職能からみよう。経理職能内のキャリアを細かくみるために、つぎの二つにわけ、探ることにしたい。①他職能の仕事経験、②経理職能内での仕事経験である。

日本労働研究機構［一九九八］は、日米独の大企業の人事、営業、経理職能のおよそ三〇〇〇名の部課長職に対するアンケート調査で雇用管理、キャリアの実態を調べている。その中で、勤続年数に占める職能の経験年数の割合を聞いている。その結果、**表6－1**のように、特に経理職能では、その経験年数の割合が高く、ほぼ「単一職能型」キャリアに近いと言える。

では経理職能内でどのような経験をしているのか。この調査では、経理職能の部課長職に職能内で経験した領域を聞いている。**表6－2**から、一つの領域だけではなく、いくつかの領域を経験していることがわかる。また特に、米国では「決

表6－1　勤続年数に占める職能経験年数の割合

(%)

		0-25	26-50	51-75	76-100
経理職能	部長 (183)	2.2	15.3	30.6	51.9
	課長 (321)	0.9	16.5	29.0	53.6
人事職能	部長 (58)	3.4	22.4	34.5	39.7
	課長 (106)	3.8	32.1	23.6	40.6
営業職能	部長 (87)	2.3	21.8	27.6	48.3
	課長 (161)	0.6	19.9	27.3	52.2

注：(　) は回答者数.
出所：日本労働研究機構 [1998] より筆者作成.

表6－2　経理部長・課長の経理職能内経験領域

(M.A. %)

	決算	原価計算	予算統制	資金調達・運用	その他	実務経験なし
日本 (731)	78.9	49.2	64.4	64.6	23.0	6.7
米国 (325)	90.2	40.3	72.6	73.8	32.0	0.9
ドイツ (208)	59.2	70.6	67.2	50.2	39.8	9.0

注：(　) は回答者数.
出所：日本労働研究機構 [1998] より筆者作成.

算」「予算統制」「資金調達・運用」の経験割合が他の国に比べて高く、職能内で幅広く異動が行われていることが窺える。

その他に、個別企業の経理職能のキャリアを分析した研究には、上原［二〇〇七］がある。総合商社の経理グループに配属された八二名の入社からのキャリア分析により、経理職能においては、「営業会計」→「主計・財務」→「海外勤務」のキャリア・パターンが多いとし、学びの順序があることを明らかにしている。

また Campion *et al.*［1994］は、米国の企業でも経理職能の中で異動することを示す。この研究は、米国の大手製薬会社の経理職能の二二五名の人事データとアンケート調査により、経理職能内の異動と昇進の関連性を探る。結果としては、異動が多いほど昇進にプラスの影響があり、そして仕事に対する満足度とモチベーションが高くなるとし、経理職能内で異動が行われていることがわかる。しかしながら、この研究では、経理職能内でどのような異動を経験するのかについては分析されていない。

(2) 人事職能のキャリア

1 他職能の経験

人事職能のキャリアについて、まずは他職能の仕事経験からみる。いくつかの調査からは、人事職能担当者は他の職能の仕事経験を持つ割合が高いことがわかる。まず関西経営者協会［一九九四］は、二六四社に対するアンケート調査により、人事担当者のキャリア・パターンを探っている。この調査では、キャリアを「一筋型」「復帰型」「異動型」「社外型」の四タイプにわけ、一番目に多いキャリアと二番目に多いキャリアを聞き、その組み合わせを調べている。その結果、「一筋型」と「異動型」を組み合わせる企業が最も多く、企業規模が大きくなるに従い、その割合が高くなる。つまり人事部門には人事職能一筋の人材と、他の職能を経験した人材が多く配置されていることになる。

そして本社人事スタッフの育成方針についても聞いており、「他部門に一定期間在籍した者の中から、適性を見て人事部門へ配置転換し育成していく」が最も多い結果となっており、人事職能には他の職能の仕事経験が必要であることがわかる。

つぎに、先にみた日本労働研究機構［一九九八］から、人事職能の部課長職の勤続年数に占める人事職能の経験割合をみると、**表6－1**のように、経理、営業の職能に比べ、人事職能の経験割合が低いことがわかる。そして米国、ドイツと比べると、日本の人事職能の部課長は他職能経験の割合が高い特徴がある。

2 海外企業の人事部長のキャリア

つぎに海外企業の人事職能の経験をみよう。Kelly and Gennard〔2000〕は、人事部長に到達するまでに、どのようなキャリア・パターンを辿るかを、英国企業の人事部長六〇名に対するアンケート調査で探った。この研究はキャリアを以下の三つのタイプにわけ、どのタイプが多いかを調べている。それは「職能内タイプ」、人事職能と他の職能間を異動する「ジグザグタイプ」、人事職能の経験がない「パラシュートタイプ」である。分析の結果、「職能内タイプ」は二一、「ジグザグタイプ」は三四、「パラシュートタイプ」は五で、「ジグザグタイプ」が多くなっている。

最も多い「ジグザグタイプ」のキャリアには、たとえば初めは人事部門からキャリアがスタートし、その後に子会社でマネジメントを経験し、そして人事部に部長として戻ってくるパターンがある。また「ジグザグタイプ」の職能経験数は平均三職能となっている。こうした「ジグザグタイプ」のキャリアを積むことにより、企業を幅広い観点からみることができ、組織内のさまざまな問題がわかるメリットがあり、特に幹部候補（high flyer）には、こうしたキャリアが多いとしている。

表6－3　人事部長・課長の人事職能内経験領域

(M.A. %)

	募集・採用	教育訓練	給与	福利厚生	異動・昇格	人事計画・要員管理	人事制度の企画立案	海外人事	組合との折衝	その他	実務経験なし
日本(406)	71.2	62.6	55.2	43.1	68.0	62.1	70.0	26.6	61.3	3.4	5.7
米国(225)	67.1	75.6	44.9	40.0	52.4	60.0	52.9	19.6	34.2	17.3	4.0
ドイツ(281)	70.2	85.7	50.7	39.3	27.9	62.5	59.6	26.8	37.5	23.2	2.9

注：（　）は回答者数.
出所：日本労働研究機構［1998］より筆者作成.

3 人事職能内での経験

人事職能内での仕事経験をみてみよう。先の日本労働研究機構［一九九八］は、人事職能内の領域を募集・採用、教育訓練、異動・昇格、給与等にわけ、部課長層に対して、これまでに経験した領域を挙げてもらっている。その結果、**表6－3**のように、三カ国とも人事職能の中でさまざまな領域を経験しているが、とりわけ日本が多くの領域を経験していることが確認できる。なかでも特に差がみられるのは、「異動・昇格」の経験である。日本では「異動・昇格」を経験した部課長の割合がおよそ七割であるのに対して、米国は五割強、ドイツでは三割弱となっている。

また Cooke *et al.*［2005］は、近年の人事部門の役割の変化、問題点を指摘する。人事職能では人員の削減、業務のアウトソーシングが起き、社内ではこれまで求められていた人事の特定領域のスペシャリストではなく、人事全般に関するジェネラリスト的役割が要求されているという。

以上のように、人事職能担当者は他職能の経験、そして職能内では複数領域の経験が多い傾向がみられた。人事職能において他職能の経験が多い理由としては、つぎのことが考えられる。たとえば、さまざまな職能経験者を集めた人事部門では、それぞれの職能の実情、特性、そしてそこで働く人材をよく知る人事担当者が多いため、異動、キャリア形成に直接関与しやすくなるからである。そして特に日本企業では異動や昇格の担当に配置させることが多かったが、こうした経験が多いことは、人事部門がそれらに関与することを重要視しているものと考えられる。

(3) 営業職能のキャリア

営業職能のキャリアについても①他職能の仕事経験、②職能内での仕事経験を観察する。まずは他職能の経験からみよう。日本労働研究機構［一九九八］から、営業職能の部課長職の勤続年数に占める職能の経験割合をみると、**表6－1**のように、キャリアの幅が狭い経理職能と、広い人事職能の中間に位置することがわかる。この調査では、営業職能内で担当してきた「商品群」「エリア」「顧客」の数について、それぞれ「一つを長く担当してきた」「二、三を長く担当してきた」「数多く担当してきた」の中から選択してもらっている。その結果、**表6－4**のように、数多く担当している傾向がみられる。特に米国では、先にみた経理職能と同様に、営業職能内でもさまざまな経験が行われていることが確認できる。

つぎに営業のキャリア形成を個別企業で聞き取りにより調べた研究をみよう。小池［一九九一］は、

表6－4　営業部長・課長の営業職能内の経験

(%)

	担当商品群	担当エリア	担当顧客
日本（426）	32.2	41.8	50.9
米国（202）	54.0	61.4	67.8
ドイツ（185）	33.5	20.0	48.1

注：（　）は回答者数．それぞれ「数多く担当してきた」と回答した割合．

出所：日本労働研究機構［1998］より筆者作成．

さまざまなタイプの営業を対象に、キャリア形成、技能形成の実態を明らかにしている。たとえば食品卸の企業では、営業は、数年ごとに担当地域が変わり、担当する店のタイプも変わる。こうすることで扱う商品が増え、コンサルティングなどができるようになるとしている。

また飛田［二〇〇六］は、リスクの高い営業に焦点を当て、それに対応するキャリア形成、人材形成の実態を分析している。たとえば巨額の資金を運用する機関投資家向け営業の仕事を例に、こうしたリスクの高い営業は、社内で「支店営業」「海外営業」など異なったタイプの営業を経験した後に異動になることを明らかにしている。

(4) 技術系のキャリア

技術系のキャリアは、さまざまなパターンがある。まず今野［一九九二］は、大企業一三社の勤続一〇年目、二〇年目の技術者一三〇名のキャリア・データから、異動を分析している。その結果、四—五年に一度の割合で異動を経験し、最初の一〇年間は業務を変更する異動が多く、一一年目以降はある専門分野内でキャリアを積むパターンが多いとする。異動パターンとしては、研究から開発部門へ、あるいは開発部門から製造部門への異動がある。しかしながら、研究部門内での研究領域間の異動があるのか、また部門間異動の際の仕事の関連性についてはわからない。

そして今田・平田［一九九五］は、製造業の技術者のキャリアを分析し、同一職能内異動が半数を占め、異動先の職能はさまざまであるが、生産部門の部門間には異動のバリア（障壁）があり、異動が極めて少ないことを明らかにしている。また初期キャリアの段階では同一職能内異動が多く、課長昇進を境に、他職能への異動が増えるとしている。

国際比較を行った研究としては榊原［一九九五］がある。日米のコンピュータ企業六社の研究開発担当者、およそ四〇〇名のアンケート調査とヒアリング調査から、たとえば日本では本社研究所の研究員は、入社後五年から七年間は研究所を経験し、その後に製品事業部へ異動し、そこで数年経験してから、ライン管理職に昇進するキャリア・パターンがあることを明らかにする。それに対して米国では、平均的なキャリア・パターンというものは存在せず、たとえば中には固有の専門職の経路（テクニカル・トラック）を長期間にわたり経験する者もいるとする。

尾川［二〇〇六］は、薬理部門の一人前の研究者として選出された四名のキャリアを分析し、一つの企業でも「同一部門・同一分野型」「同一部門・複数分野型」「複数部門・同一分野型」「複数部門・複数分野型」にわかれ、キャリアはさまざまであることを明らかにしている。

以上のように、技術者のキャリア・パターンはさまざまであった。それは電機、自動車、化学、繊維、医薬などのさまざまな業種で働く技術者がいること、さらには一つの企業内でも担当する製品などにより、キャリア・パターンが異なることも考えられる。またこれらの研究ではキャリアの段階でもパターンは異なっていた。たとえば初期キャリアで幅広く異動させる企業もあれば、逆に異動させない企業もあり、統一したキャリア・パターンは存在していない。

三　職位別キャリアの形成方式

(1) 初期キャリア

つぎに特定の職位に焦点を当てた調査からキャリアの実態を観察することにしたい。まずキャリアの入り口である初期キャリアからみよう。労務行政研究所［二〇〇九、二〇一二］は、近年の日本の大企業における若手人材のキャリア、人材形成方式を紹介している。これらの事例では入社後一〇年くらいの間に数回、異動させる企業をいくつか取り上げている。そうした異動は職能を超えるケースが多く、それは適性を見極めたり、多角的な視点を持たせたりするため、広範な異動を行っているという。

また労働政策研究・研修機構［二〇一二］が実施した三三九一社のアンケート調査からは、若手人材（入社一〇年目くらいまで）に対する今後の育成の取り組み方針がわかる。「特定部門への配置を基本としつつも、必要に応じ他部門を経験させる」「できるだけ多くの部門を経験させる」が「特定の部門において実務の第一線の担い手として育成する」よりも多い回答となっている。そして従業員規模が大きくなるほど、「できるだけ多くの部門を経験させる」の回答が多くなっており、これまでよりもキャリアを広げる方針を採る企業が出てきたことが窺われる。

ただし近年の研究では、こうした初期キャリアの段階で職能を超えるさまざまな異動が増えてきたのかについての実証分析は行われておらず、今後実態を明らかにすべき課題である。

つぎに海外企業の例を紹介しよう。Connor *et al.*［1990］は、英国企業一九社の大卒者の初期キャリアの実態を調べている。企業はいくつかの入職コース、たとえば、ごく少数のハイ・ポテンシャル人材を対象としたコース、専門職コースなどを設け、それぞれで異なった教育訓練、配置・異動を行っている。しかしながら、それぞれのコースでどのような仕事経験、異動が行われているのか実態にまでは踏み込んでいない。

同じく労働政策研究・研修機構［二〇〇五］も、英国企業の初期キャリアを調査し、入社時にいくつかのコースにわけ、教育訓練を行う企業を紹介している。たとえば幹部候補コースでは、五年間に複数の国で三つほどの異なる部門を経験させているとする。残念ながら、この調査もどのような部門を経験させるのかなど、具体的なキャリア形成方式までは分析していない。

そして白木［二〇〇六］は、欧米の多国籍企業を聞き取り調査により、人的資源管理の実態を探っている。その中で、ハイ・ポテンシャル人材と識別された者に対して、三〇代前半くらいの若い段階で子会社の海外勤務を経験させたり、企業の中の異なる事業グループや、異なる職能を経験させているることを明らかにしている。(2)

以上から海外企業では、入社時という若い時期にキャリアのコースが定められ、幹部候補には経験の幅が広く設定されていることがわかった。

(2) トップ・マネジメントのキャリア

つぎにトップ・マネジメント、ここではCEO（最高経営責任者）に焦点を当て、そこにいたるまでのキャリアの特徴をみることにしたい。Forbes and Piercy［1991］は、米国製造業の大企業二三〇社のCEOのキャリアを分析している。初任配置に多いのが技術職能で、そして最初の管理職のポジション以降、職能間異動を経験するCEOが多くを占めるとする。技術職能経験後に異動する典型的な職能の特徴としては、製造職能やマーケティング職能がある。また、およそ四分の一のCEOが海外か本社の海外関連部門に配置されており、経験の幅が広いことがわかる。

Hamori and Koyuncu［2011］はCEOの海外経験をみる。欧米の大企業一一〇〇社のCEOのキャリアを分析し、およそ三分の一のCEOが海外に配置された経験を持ち、特に近年に就任したCEOほど海外経験の割合が高いとしている。そしてCEO就任までのスピードを分析しており、全体的には海外経験は就任のスピードにマイナスの効果をもたらすが、経験がキャリアの早い段階であると、就任までのスピードにプラスとなることを実証している。このことから、ハイ・ポテンシャル人材を早い段階から選び、トップに必要な経験を重点的に積ませ、その結果CEOを早く育成している企業があることがわかる。

おわりに

この章で明らかとなったことをまとめると、第一に、部課長レベルまでのキャリアは企業において専門職能を中心としたキャリア形成が行われていることである。こうした仕組みは多少の差はあるが、海外企業も同じであった。大きく異なるのは、幹部候補の育成である。海外企業では、入社時からごく少数の人材を選び、他のグループとは異なり、多様な経験をさせる仕組みが存在した。CEOのキャリアをみても、こうした多様な経験を積んでおり、近年海外経験は増加傾向にある。

注

（1）その他の研究としては、たとえば平野・内田・鈴木［二〇〇八］も同じような結果を明らかにしている。大手食品メーカーのシニア・マネジャー（部長職層、次長職層）二八名のキャリアを調べ、幅広い専門性のもと、主職能と副職能を持つようなキャリアを経験していることを明らかにしている。

（2）その他に Hirsh and Jackson［2004］は、イギリス大企業のハイ・ポテンシャル人材のキャリア開発を紹介している。たとえば大手石油メーカーBP社では、ごく少数のハイ・ポテンシャル人材に対し、いくつかの職能や海外勤務など広範なキャリアを経験させる仕組みがあるとしている。

参考文献

邦文献

今田幸子・平田周一『ホワイトカラーの昇進構造』日本労働研究機構、一九九五年。

今野浩一郎「技術者のキャリア」、小池和男編『大卒ホワイトカラーの人材開発』東洋経済新報社、一九九一年。

上原克仁「大手企業における昇進・昇格と異動の実証分析」『日本労働研究雑誌』五六一、二〇〇七年、八六―一〇一ページ。

尾川信之「企業研究者の人材育成――一人前の研究者に向けたキャリア――」、小池和男編『プロフェッショナルの人材開発』ナカニシヤ出版、二〇〇六年。

関西経営者協会『本社人事部門の機能と将来像に関する調査』関西経営者協会、一九九四年。

小池和男「営業分野の人材開発」『大卒ホワイトカラーの人材開発』東洋経済新報社、一九九一年。

榊原清則『日本企業の研究開発マネジメント――〝組織内同型化〟とその超克――』千倉書房、一九九五年。

白木三秀『国際人的資源管理の比較分析――「多国籍内部労働市場」の視点から――』有斐閣、二〇〇六年。

飛田正之「高いリスクに対処する人材開発――ファンドマネジャーなど――」小池和男編『プロフェッショナルの人材開発』ナカニシヤ出版、二〇〇六年。

日本労働研究機構『国際比較　大卒ホワイトカラーの人材開発・雇用システム――日、英、米、独の大企業（一）事例調査編――』日本労働研究機構、一九九七年。

――『国際比較　大卒ホワイトカラーの人材開発・雇用システム――日、米、独の大企業(二)アンケート調査編――』日本労働研究機構、一九九八年。

平野光俊・内田恭彦、鈴木竜太「日本的キャリアシステムの価値創造のメカニズム」『一橋ビジネスレビュー』五六―一、二〇〇八年。

労働政策研究・研修機構『高等教育と人材育成の日英比較――企業インタビューから見る採用・育成と大学教育の

関係――』労働政策研究報告書No.38、労働政策研究・研修機構、二〇〇五年。

――『入職初期のキャリア形成と世代間コミュニケーションに関する調査』JILPT調査シリーズNo.97、労働政策研究・研修機構、二〇一二年。

労務行政研究所「戦力化に向けた若手・中堅社員育成ローテーション」『労政時報』第三七五七号、二〇〇九年、二二―八二ページ。

労務行政研究所「若手社員を育てる体制づくり」『労政時報』第三八二三号、二〇一二年、一〇―七九ページ。

欧文献

Campion, M., Cheraskin, L., and M. Stevens, "Career-related antecedents and outcomes of job rotation," *Academy of Management Journal*, 37(6), 1994, pp. 1518-42.

Connor, H., Strebler, M. and W. Hirsh, *You and your graduates: The first few years,* IMS Report No.191, Brighton :Institute of Manpower Studies, 1990.

Cooke, F. L., Shen, J. and A. McBridge, "Outsourcing HR as a competitive strategy? A literature review and an assessment of implications," *Human Resource Management* , 44(4), 2005, pp.413-32.

Forbes, J. B. and J. E. Piercy, *Corporate mobility and paths to the top: Studies for human resource and management development specialists,* New York : Quorum Books, 1991.

Hamori, M. and B. Koyuncu, "Career advancement in large organizations in Europe and United States: Do international assignments add value? " *International Journal of Human Resource Management,* 22(4), 2011, pp.843-62.

Hirsh, W. and C. Jackson, *Managing careers in large organizations,* London: The Work Foundation, 2004

Kelly, J. and J. Gennard, "Getting to the top: Career paths of personnel directors," *Human Resource Management Journal,* 10(3), 2000, pp.22-37.

第7章

企業におけるキャリア形成の決定方式・効果

百聞は一度の訪問体験に如かず

受付業務の体験から社会を学ぶ

はじめに

この章では、企業におけるキャリア形成について、二つのことをみたい。一つはキャリア形成方式が企業ではどのような効果をもたらしているのかを探ることである。前章では、企業において専門職能内で幅広く経験しキャリアが形成されていた実態をみてきた。こうしたキャリア方式にはどのようなメリットがあるのだろうか。もう一つは、企業ではそれぞれの従業員のキャリアをどこがプランし決定するのか明らかにしたい。一般に、企業の人的資源の管理に関して、特に日本の企業では人事部門の権限が強いと言われているが、キャリア形成については、人事部門とライン（現場）はどのように関与しているのか。そしてどのような方式が効率的なのかを筆者が大企業に実施したアンケートの分析などにより、考えることにしたい。なお前章と同様に、ホワイトカラー層のキャリアに焦点を当て、近年の実態をみていくことにしたい。

一　キャリア形成の効果

(1) 仕事の遂行に対する効果

まずは前章で明らかとなったキャリア形成方式がどのような効果をもたらすのかみていくことにし

表7－1　教育訓練・仕事経験の効果

(%)

	日本 (1567)	米国 (752)	ドイツ (674)
最終学歴の教育内容	11.6	45.6	14.5
会社が主催するOFF-JT	11.0	29.1	28.6
独学や自費で受けた教育訓練	27.7	41.5	43.5
当該職能の特定の仕事経験	39.0	50.0	46.9
当該職能内のさまざまな仕事経験	61.6	65.7	57.4
他職能の仕事経験	38.2	24.6	33.1
職場の上司の指導やアドバイス	43.5	43.6	22.4

注：( )は回答者数．それぞれ「かなり役に立った」と回答した割合．
出所：日本労働研究機構［1998］より筆者作成．

表7－2　他職能の仕事経験の効果

(%)

	経理職能		人事職能		営業職能	
	部長	課長	部長	課長	部長	課長
日本(1567)	36.2	29.7	60.8	48.5	40.1	31.2
米国(752)	20.5	13.0	31.3	32.5	32.6	28.2
ドイツ(674)	49.2	27.3	28.2	28.0	31.9	34.0

注：( )は回答者数．それぞれ「かなり役に立った」と回答した割合．
出所：日本労働研究機構［1998］より筆者作成．

よう。効果の測り方はさまざまで、まず仕事を進める上での効果について、日本労働研究機構［一九九八］は、各国の部課長職層に対し、これまでに経験した異動、教育訓練の評価を聞いている。**表7－1**は、それぞれの経験が「かなり役に立った」と回答した割合を示している。その結果、「当該職能内のさまざま仕事経験」が三カ国とも最も高い回答となっており、前章で明らかとなったキャリア形成方式が、実際の業務遂行に効果をもたらしていることがわかる。

ただし職能別にみると少し差がある。たとえば日本の企業では、人事職能で他職能の経験が多かったが、**表7－2**で他職能の経験の効果についてみると、「かなり役に立った」と回答する割合が他の職能より高く、人事部長六〇・八％、人事課長四八・五％となっており、米国、ドイツと比べてかなりの違いがある。

つぎに、より具体的にキャリア形成がどのような効果をもたらすのか、聞き取り調査により実態を解明した研究をみよう。たとえば小池［一九九七］は、製造業の大企業の経理職能における事業部の予算管理の業務を例にとる。予算管理で難しいのは、毎月の実績が予算とずれ、その乖離の原因分析であるとする。原因分析力が劣れば時期の予算編成にいかせず、効率に大きく影響するという。これをこなすには、事業部に属する工場の原価管理の仕事からスタートし、その後、工場内で担当する製品が変わり、さらには同じ事業本部内の別の工場に異動し、事業部の知識、経験を広げ、つぎは同じ事業本部内の他の事業部の予算管理に異動させ、こうした専門分野の幅広い仕事経験が必要であるという。

また飛田［二〇〇六］は、リスクの高い仕事に焦点を当て、それに対応する人材形成の実態を従業員の個別キャリアにもとづき分析している。巨額の資金を投資するリスクの高い業務を担当するファンドマネジャーを例に、企業内で融資審査、アナリストの業務を経験させてからファンドマネジャーに異動となり、失敗の可能性を低くするキャリアの組み方がとられていることを明らかにしている。

⑵ 個人のキャリアとその効果

技術者をおもに対象とした研究には、キャリア形成が製品開発、研究開発に与える効果を探るものが多い。それらは大きく二つにわかれる。一つは個人の企業内でのキャリアに着目した研究で、もう一つは研究開発にはどのようなキャリアのメンバーが集まると効果的なのかを探る研究がある。まずは個人の企業内でのキャリアを調べ、その効果を測った研究をみよう（たとえば Shipton *et al.*［2006］; Bunderson and Sutcliffe［2002］; Kusunoki and Numagami［1998］）。

まず Shipton *et al.*［2006］は、英国の製造業二二社に対する調査から、異動はイノベーションに寄与することを明らかにする。具体的には、独立変数を人的資源施策（採用、評価、賃金、チームワーク、教育訓練）と探索的学習（exploratory learning）とし、後者のなかで異動を聞いている。イノベーションについては二つにわけ、一つは「製品イノベーション」として、新製品の開発数、新製品の開発に生産労働者がどれだけ関与しているのかを聞き、もう一つは「技術的イノベーション」として、製造技術、生産工程に関したイノベーション、たとえば新生産システムの導入、製造技術・工程の変化などを聞いている。

結果については、なかでも探索的学習と教育訓練が「製品イノベーション」「技術的イノベーション」に効果があるとし、異動がイノベーションに寄与することを明らかにしている。ただしこの調査では異動について、一般社員、管理職層の他部門への一時的な配置・異動（second to another department）があるかを聞いているだけで、残念ながらどのような異動の広がりなのか、また配置の期間についてはわからない。

より従業員個人がどのようなキャリアを歩んだかにまで踏み込んでみた研究には、Bunderson and

Sutcliffe〔2002〕がある。この研究は、一般消費者向けメーカーの四四のチームを対象に、チームに属するメンバー四三八名に対する調査から、キャリアとチームの業績（目標に対する収益達成率）の関係を探っている。キャリアについては、チームメンバーの主職能の多様性（dominant function diversity）と従業員個人の職能経験の多様性（intrapersonal functional diversity）の二つをみている。前者はチームメンバーがキャリアにおいて最も長く経験した職能を調べ、チームでの職能多様性の度合いを測る。後者はチームメンバー個人がキャリアでどれくらいの職能を経験したか、その度合いを測る。特に後者は、個人のキャリアにおけるさまざまな仕事経験をみており、他の研究にはない分析を行っている特徴がある。

結果は、後者の従業員個人の職能経験の多様性の度合いが高いほど、チームでの情報共有が高まり、それがチームの業績（目標に対する収益達成率）にプラスの効果をもたらすとしている。それに対して、前者のチームメンバーの主職能の多様性には有意な結果は認められない。このことから、さまざまな職能から人材を集めるより、仕事経験が広い人材を集める方がプラスの効果になるという、興味深い発見が得られた。ただし従業員個人の職能経験の多様性の度合いをみると、それほど広くはない。つまり職能を広範囲に経験するよりは、少しだけ広げた方が効果は高まると解釈することができよう。

また、日本の研究では、Kusunoki and Numagami〔1998〕がある。化学メーカーを対象としたこの研究は、技術者の頻繁な異動により、異なる部門の知識が相互作用を与え、組織能力を高めることに繋がるとしている。

これらの研究とは反対に、異動やキャリアの広がりがマイナスの効果を生み出すとする研究もある。たとえば青島［二〇〇五］は、半導体技術者七一八名のアンケート調査から、企業内異動が行われていることを明らかにするが、企業内異動は、専門性の蓄積を妨げ、技術成果にマイナスの影響を与えることを指摘している。このように企業内異動が効果を生みだすかは、研究により異なった結果となっており、Bunderson and Sutcliffe［2002］が職能の多様性（functional diversity）は諸刃の剣（double-edged sword）と指摘するように、効果はプラスもマイナスもあるようだ。(1)

(3) チームメンバーのキャリアとその効果

つぎに製品開発や研究開発には、どのようなキャリアのメンバーが集まると効果的なのかを明らかにした研究をみよう（たとえば Ancona and Caldwell［1992］; Eisenhardt and Tabrizi［1995］; Pelled, *et al.*［1999］; Keller［2001］）。まず Ancona and Caldwell［1992］は、ハイテク企業五社の四五の新製品開発チーム、四〇九名の研究開発担当者のキャリアを探る。この研究は、チームメンバーがそれぞれどの職能出身かを聞き、チームの効果をみている。ただし出身職能だけを聞いているため、個人の長期の仕事経験、つまりキャリアで、どのような職能を、どれくらいの数、どれくらいの期間経験してきたかについては測られていない。結果は、職能多様性（functional diversity）は直接的にはチームにプラスの効果をもたらさないが、職能多様性が高いほど、外部とのコミュニケーションが増え、その結果、間接的に技術革新の効果につながるとしている。

同様に職能多様性（functional diversity）がコミュニケーションを高め、効果をもたらすとするKeller［2001］の研究がある。職能多様性は、新製品開発の技術的な質、時間、予算の達成に直接の効果をもたらさないが、外部とのコミュニケーションが高まり、その結果、間接的にこれらに効果が現れるとする。

そしてPelled *et al.*［1999］も間接的な効果を明らかにする。大企業三社における電子部門の四五の製造、製品技術改善チームを対象とし、チームの職能多様性（functional diversity）が高いほど、仕事上の対立（task conflict）が起きるとする。この仕事上の対立とは、たとえばチーム内での意見の相違、業務を進めるうえで反対意見が出ること、議論が起こることなどである。そしてこうした仕事上の対立の度合いが高いと、チームの業績が高くなるとしている。なお業績の測り方については、先のAncona and Caldwell［1992］と同じくマネジャーの業績に対する評価（チームの効率性、チームによって生み出されたイノベーションやアイデア）を用いている。

またEisenhardt and Tabrizi［1995］は、多様な職能経験者から構成されたチーム（multifunctional team）の効果について、欧米、アジアにおけるコンピュータ企業の七二のプロジェクトチームで調べている。多様な職能経験者から構成されたチームの度合いについては、プロジェクトチームがいくつの職能からメンバーが集まっているのかを測る。先のAncona and Caldwell［1992］と同様に、出身職能だけを聞いており、いくつの職能を経験したのかは分析していない。結果は、多様な職能経験者から構成されたチームには、製品開発期間の短縮に効果をもたらすことが明らかとなっている。

二　キャリア形成のプロセス

(1) 人事部門とライン部門

キャリア形成は、どこが主体となりプランし、決定していくのが効率的なのであろうか。それには従業員のレベルにより、ラインが強く関わるのか、それとも人事部門が強く関わるのかの違いがあるのではないかと考えられる。たとえば管理職以上になると、将来の経営層の人材を育成するため、人事部門が全社的に人材に関する情報を把握する必要もあろう。

また管理職より下のレベルについては、人事部門が個別の人事に関与することは、多くの従業員を対象とするため、情報収集のコストが高く、むしろラインが強く関わる方が、日ごろの働きぶりを実際にみているため、異動が効率的に進められるのではなかろうか。そこで以下では、レベル別に人事部門とライン部門の役割について確かめていくことにする。

(2) 管理職より下のレベルのキャリア

まずは主に管理職より下のレベルの異動について、詳しく聞き取りを行った研究から取り上げよう。藤本［一九九九］は、日本の大手電気通信機器メーカーを対象とし、全社的な人材配分のメカニズムを探っている。その結果、①部門内異動に関して実質的な人事権が各部門に相当委譲され、本社人事部門が介入するケースは少ないこと、②中核的な人材の囲い込みが各事業部門で行われるため、本社人事部門は囲い込みの対象となる人材を部門間異動の案件にあげることに手腕が問われることが明らかにされている。

日本労働研究機構［二〇〇二］は、日本の大企業四社（食品メーカー、輸送機器メーカー、鉄道会社、百貨店）の課長職相当までの異動の決定に関して、人事部門とライン管理職への聞き取り調査により、権限の実態を明らかにしている。その結果、人事部門が異動を一元的に決定している企業はなく、事業部門や職能に人事権がある事例が多いとしている。

また日本の大手製薬会社のＭＲ（医療情報担当者）を対象とした梅崎［一九九九］も、聞き取り調査により、異動について人事部門と営業所長との間に分業関係が存在することを明らかにしている。営業所内の配置は、営業所長の裁量によりすべてが決定される。そして人事部門は営業所長から集められた情報からキャリア・ディベロップメントの調整・決定に関与する役割があるとしている。

そして平野［二〇〇六］は、日本の大手総合スーパー二社、チェーンストア二社（うち一社米国系企業日本法人）の聞き取りにより、日本の企業は、事業部内であれば異動の権限がラインに委譲されているが、系統を越える異動（たとえば店舗から商品部）は人事部門が調整を行うことを明らかにしている。

以上の事例研究を合わせてみると、日本の大企業では、一般社員レベルの部門内や営業所内の異動に関しては、ラインの権限が強いことが結果として現れた。

(3) 管理職のキャリア

つぎに管理職レベル以上に焦点を当て、キャリア形成の決定権限を明らかにした研究をみる。日本労働研究機構〔一九九八〕は、日米独の大企業三七八社のアンケート調査から、課長職と部長職への昇進に関し、決定主体はどこかを聞く。課長職への昇進については、日本では人事部門とする割合がおよそ三割、ライン長が四割強、直属上司が一割強となっており、ライン長が最も多い。それに対して米国では、人事部門とする回答がわずか数％で、ライン長が四割、直属上司がおよそ半数となっており、ラインの決定権限が強いことが明らかとなっている。このように日米で人事部門の権限の割合に差が出ていることは特徴的である。そして部長職への昇進については、日米ともにCEOや役員会が決定主体とする回答が多く、人事部門は低い結果となっている。

Jacoby〔2005〕は、日米の大企業三七四社にアンケート調査を行い、管理職層の配置に関しては、特に米国で、近年ラインの役割が増加しているとしている。管理職の配置の権限をみると、日本企業は、ラインに責任があるとする割合が二割強であるのに対し、本社人事部門とする回答が半数強と、本社人事部門の責任が強い結果となっている。一方米国では、本社人事部門とする回答が一割強で、ラインとするのは六割強とラインの責任が強い結果となっている。以上の調査からは、管理職レベルでは日米ともにラインの決定が強いが、日本では人事部門の決定も強いことがわかる。

(4) 海外企業の決定方式

海外企業について、こうしたキャリア形成の決め方に焦点を当てた研究は乏しい[2]。Hall and Torrington［1998］は英国企業二一四社のアンケート調査と、人事部長を中心とした三〇名に対する聞き取り調査から、キャリア計画（career planning）に対し日常的にどこが関与するか（day to day involvement）を聞いている。結果は、「ラインと人事部門が決定」が最も高く四三%、つぎに「人事部門は助言や情報提供」が二八%と、人事部門の関与がみられる。しかしながら、これが個別従業員に対するキャリアの計画なのかはわからない。

その他には異動の決め方の一つである社内公募（internal job advertising, job posting）に関する研究がある[3]。社内公募は従業員本人の希望を異動に反映させる仕組みであるが、たとえば Hirsh *et al.*［2000］は、英国大企業六社における社内公募の手続き、決定過程を明らかにしている。その結果、社内公募が近年増加しているとし、人事部門の役割としては、空席ポストの承認や募集、ラインに対して応募者の選考にアドバイスを与える役割があるが、候補者の絞り込みと最終決定についてはラインに権限を委譲しているとしている。

また日本労働研究機構［一九九七］の海外企業に対する人材開発の聞き取り調査によれば、社内公募は課長レベルくらいまでで、しかも異動の距離が遠い場合、たとえば事業部間の異動などによく用いられており、それ以外の異動、たとえば部内の異動については、上司の計らい、つまりラインで決定していることを明らかにしている。

(5) 幹部候補・ハイ・ポテンシャル人材のキャリア形成

上級管理職（senior management）、ハイ・ポテンシャル（high-potential）人材、幹部候補（fast track, high flyer）の育成は、どこが関与し、責任を持つのであろうか。これら将来に企業の中核となる人材には、前章でみたように、職能間異動や海外経験など、企業の主要な部署を経験させたりして育成、選抜していくことが欠かせないであろう。

上級管理職の選抜に焦点を当てたKelly［2001］は、一二三社の多国籍企業のトップ・マネジメント層と人事部長に対する聞き取り調査をもとに、本社人事部門の役割が上昇しているとする。その理由として、①経営層において人事担当者の占める割合が上昇してきていること、②海外子会社の人事部門に自立性はあるが、重要な変更の際に本社人事部門の了承を必要とすることや、本社人事部門は海外子会社に対して人事戦略、人事施策が実行されているかをモニターする機能があること、③上級管理職層の選抜には本社人事部門が関わっていることを挙げている。

先のJacoby［2005］は、上級役員層（senior executives）の選抜における人事部門の役割についても聞いている。その結果、日米ともに人事部門は、情報提供などの役割よりも、最終決定に参加する割合が最も高く、特に米国ではその割合が高い。先にみたように、管理職レベルまでの配置については、人事部門が決定する割合が日本の方が高かったが、上級役員層の選抜においては、米国の方が人事部門に権限があるとする割合が高くなるのは興味深い発見事実である。

Larsen *et al.*［1998］は、ヨーロッパ一〇カ国、二八八八社のアンケート調査をもとに、人事機能の集権度が高い企業においては、幹部候補育成制度を導入する割合が高くなることを発見している(4)。さらに、こうした制度を持つ企業では、計画的なジョブ・ローテーション、管理職の内部昇進についても実施、導入する割合が高い結果となっている。

そしてScullion and Starkey〔2000〕も同様な結論を導き出す。この研究は、海外展開をする英国の大企業三〇社における上級管理職とハイ・ポテンシャル人材の選抜、育成に焦点を当て、人事部門の権限、役割について、聞き取り調査をもとに実態を探っている。その中で人事部門の権限の度合いを分類し、集権人事タイプの企業(centralized HR companies)においては、人事部門が海外のさまざまな拠点からハイ・ポテンシャル人材を選び出し、育成することが可能になっていることを明らかにしている。

それに対して分権人事タイプの企業(decentralized HR companies)では、計画的なキャリア形成が行い難い問題が起き、上級管理職層の育成機能を高めるために人事機能の再集権化(re-centralization)の動きが出てきているとする。

以上の調査研究からは、欧米企業において幹部候補人材、上級管理職、ハイ・ポテンシャル人材、つまり上位レベルの人材の配置、選抜に関しては人事部門の関与、権限が強い実態がわかった。

表7－3　人事担当者の構成

(%)

	人事部中心		人事部・ライン半々	ライン中心	
	人事部経験ほとんど	人事部経験者多+ライン経験者少		ライン経験者多+人事部経験者少	ライン経験ほとんど
非管理職	39.2	23.5	18.6	10.8	7.8
管理職	25.2	23.3	28.2	15.5	7.8

出所：筆者作成.

三　アンケート調査の結果から

(1) アンケート調査の概要

これまでみてきたキャリア形成方式、人事部門とラインにおける役割を確かめるため、東証一部上場企業から一〇〇〇社を選び、アンケート調査を二〇〇八年に実施した。アンケートは各社の本社人事部門に送付し、人事担当者に回答を依頼した。その結果、一〇三社から有効回答が得られた（有効回答率一〇・三％）。そこで以下では人事担当者のキャリア、異動における人事部門とラインの権限配分について実態を検証していくことにしたい。

(2) 人事担当者のキャリア

本社人事部門のキャリアの構成を聞いた。**表7－3**のように、非管理職については「人事部門の経験がほとんど」「人事部門の経験者が多く+ライン部門の経験者が少し」が六割強を占めており、人事担当の長い者が配置されている傾向がわかった。そして管理職の構成をみると、「人事部門の経験がほとんど」「人事部門の経験者が多く+ライン部門の経験者が少し」が五割弱となり、ラ

表7－4　人事担当者の経験職能

(M.A. %)

経理財務	総務・秘書	営業	マーケティング	購買・調達	製造・生産管理	研究開発	情報	法務	広報
18.3	8.3	40.0	8.3	5.0	16.7	11.7	15.0	0.0	0.0

出所：筆者作成.

表7－5　異動の決定主体

(%)

	課内	課間	部門間
人事部門	14.7	19.6	31.4
人事部門＋ライン部門	30.4	55.8	63.7
ライン部門	54.9	24.5	4.9

出所：筆者作成.

イン経験が多い割合が増える。これらから、人事部門のキャリアだけではなく、他職能の経験者も人事部門に異動してきていることがわかる。

つぎに企業内のキャリアを聞いた。回答は全員人事担当者であるが、一般社員から担当役員まで、職位はさまざまである。そこでより長期の仕事経験を観察するため、課長以上の職位の者に焦点を当てることにしたい。課長職以上の回答は六〇名であった。

まず他職能を経験した比率をみると、七五％（四五名）となり、四分の三が他職能を経験している。先にみた研究では他職能の経験が多かったが、この調査でも人事担当者は他職能の経験が多いことがわかった。そして現在の会社での経験職能数を聞いたが、人事職能の他に「一職能」が五五・六％、「二職能」が三三・三％で、「二職能」までが九割近くを占めている。

つぎに経験した職能について、現在の会社で経験したすべての職能を回答してもらった。その結果、**表7－4**のように、最も多いのが「営業」四〇・〇％で、続いて「経理財務」一八・三％、「製造・生産管理」一六・七％、「情報」一五・〇％、「研究開発」

一一・七%などとなっている。このことから、スタッフ職能間の異動だけではなく、「営業」「製造・生産管理」といったライン部門を経験し、人事部門に異動する者も多いことが明らかとなった。

(3) 異動に関する人事部門とラインの権限配分

一般社員の異動はどこが主体となるのか。質問では異動を「課内の異動」「同一部門内の課間異動」「部門間異動」にわけ、それぞれの異動について、どこが事実上の決定を行っているのかを聞いた。その結果、**表7－5**のように、課内の異動については、「ライン部門」が五四・九%と最も多く、つぎに「人事部門＋ライン部門」で三〇・四%となっており、「ライン」で事実上決定している割合が高い結果が得られた。

つぎに「課間」「部門間」異動は「人事部門＋ライン部門」がそれぞれ最も多く、どちらも異動に関与している割合が高いことがわかる。また異動の範囲が広くなるに従い、「人事部門」が決定する割合も増えており、人事部門が異動について、一定の関与をしていることが明らかとなった。

(4) 人材の抱え込みの対応

この章では、専門職能を中心に、さまざまな仕事を経験するキャリア形成方式が効果をもたらすことをみてきた。しかしながらそうしたキャリア形成が阻害されることがある。それは部門や課などの組織の業績を下げないよう優秀な人材の抱え込みが起きることである。また逆に、優秀でない人材に

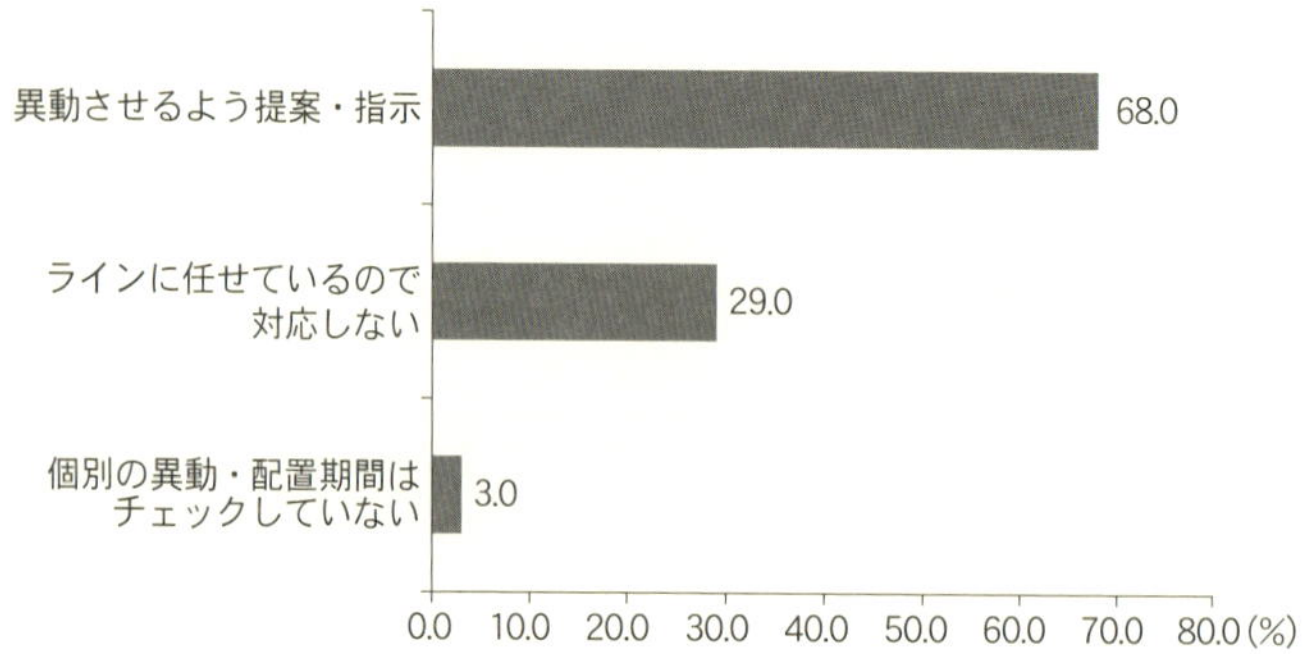

図７－１　人材の抱え込みに対する人事部門の対応

出所：筆者作成.

関しても引き受ける部門や部署がないため、異動が図られず滞留してしまうケースもある。こうした問題に対して人事部門はどのように対応するのであろうか。**図７－１**は長期に異動していない従業員に対する人事部門の対応を聞いたものである。その結果、およそ七割の企業では、人事部門がライン部門に対して異動させるよう提案や指示を行っている。それに対して人事部門が異動をチェックしていない割合は数％にしか過ぎない。

これらから多くの企業では、人事部門が個別従業員の異動、配置期間をモニターし、イレギュラーがある場合にはライン部門に対して働きかけ、従業員のキャリア形成に関与していることがわかる。前章では人事職能内の経験領域として、「異動・昇格」を経験する割合が高いことをみたが、日本企業は、こうした個別の異動をモニターし、異動を促し、キャリア形成が滞りなく行われることを重要視しているため、人事職能の中で経験比率が高いのではないかと考えられる[5]。

おわりに

この章で明らかとなったことをまとめると、企業内で専門職能を中心としたキャリア形成がとられており、こうした方式は、仕事の遂行、難しい問題処理を可能にし、製品開発、イノベーションにも効果をもたらすことにつながる。そして企業における個々の従業員のキャリアは、一般社員層については ラインが大きく関与するが、人事部門も異動・配置歴をモニターするなどキャリア形成に関与していることがわかった。そして上位レベルになるに従い、人事部門の役割が高くなり、特に海外の企業ではその傾向が日本企業より強くなる特徴があった。以上のように、専門分野を中心としたキャリアは人事部門とラインの協同により形成される実態が明らかとなった。

注

（1）その他に、尾川［二〇〇六］は、薬理部門の技術者の部門、分野を超える異動は、専門知識の違いがあるため、研究課題の発案に相乗効果をもたらしていないことを明らかにしている。

（2）Conference Board［1948］は、アメリカ大企業一四二社のアンケート調査から、新卒の採用人数、誰を採用するか、そして配置について、人事部が決定する割合が最も高いことを明らかにしており、かなり以前のアメリカ企業では人事部門の権限が強かったことが窺われる。

（3）社内公募の実施については、たとえば Baruch and Peiperl［2000］のイギリスの一九四社を対象にキャリア開発の実態を調べた研究では、キャリア関連の取り組み（一七項目）のなかで、社内公募（job posting）の導入割合が最も高くなっている。またCIPD［2003］がイギリス企業七三一社に対して実施した調査では、九三%の企業が社内公募（open internal job market）を導入しており、それがキャリア形成に効果的であるとする割合は八五%としている。

（4）その他にWeber *et al.*［2000］は、ヨーロッパ五カ国のおよそ三〇〇〇社のアンケート調査をもとに、回帰分析を行い、企業戦略がある場合、従業員規模が大きい場合においては、幹部候補（high flyer）の人事政策に有意な影響力を及ぼすことを明らかにしている。

（5）Purcell and Ahlstrand［1994］、Brewster and Larsen［2000］は、ラインへの人事に関する分権化によって優秀人材の抱え込みが起き、海外の企業でも人事部門がモニターする役割が高まってきたとする。

参考文献

邦文献

青島矢一「R&D人材の移動と技術成果」『日本労働研究雑誌』第五四一号、二〇〇五年、三四―四八ページ。

梅崎修「職場管理職の人材配分過程における役割――製薬企業における営業所長の事例研究――」『日本労働研究雑誌』第四六六号、一九九九年、八九―一〇一ページ。

尾川信之「企業研究者の人材育成――一人前の研究者に向けたキャリア――」、小池和男編『プロフェッショナルの人材開発』ナカニシヤ出版、二〇〇六年。

関西経営者協会『本社人事部門の機能と将来像に関する調査』関西経営者協会、一九九四年。

小池和男「伝統ある大メーカーの日英比較」日本労働研究機構『国際比較大卒ホワイトカラーの人材開発・雇用システム――日、英、米、独の大企業（一）事例調査編――』日本労働研究機構、一九九七年。

飛田正之「高いリスクに対処する人材開発――ファンドマネジャーなど――」小池和男編『プロフェッショナルの

人材開発』ナカニシヤ出版、二〇〇六年。

日本労働研究機構『国際比較大卒：ホワイトカラーの人材開発・雇用システム――日、英、米、独の大企業（一）事例調査編――』日本労働研究機構、一九九七年。

――『国際比較：大卒ホワイトカラーの人材開発・雇用システム――日、米、独の大企業（二）アンケート調査編――』日本労働研究機構、一九九八年。

――『大卒ホワイトカラーの昇進・配置と人事部の役割』日本労働研究機構、二〇〇一年。

平野光俊『日本型人事管理――進化型の発生プロセスと機能性――』中央経済社、二〇〇六年。

藤本雅彦『人事管理の戦略的再構築――日本企業の再生に向けて――』税務経理教会、一九九九年。

欧文献

Ancona, D. G. and D. F. Caldwell, "Demography and design: Predictors of new product team performance," *Organization Science,* 3(3), 1992, pp.321-41.
Baruch, Y. and M. Peiperl, "Career management practices: An empirical survey and implications," *Human Resource Management,* 39(4), 2000, pp.347-66.
Bunderson, J. S. and K. M. Sutcliff, "Comparing alternative conceptualizations of functional diversity in management teams: Process and performance effect," *Academy of Management Journal,* 45(5), 2000, pp.875-93.
CIPD, *HR survey: Where we are, where we're heading,* London: CIPD, 2003.
Conference Board, *College graduates in industry: Recruiting, selecting, training,* Studies in personnel policy, No.89, New York: Conference Board, 1948.
Eisenhardt, K. M. and B. N. Tabrizi, "Accelerating adaptive process: Product innovation in the global computer industry," *Administrative Science Quarterly,* 40, 1995, pp. 84-110.
Hall, L. and H. Torrington *The human resource function: The dynamics of change and development,* London: Pitman, 1998.

Hirsh, W., Polland, E. and P. Tamkin, *Free, fair and efficient? Open internal job advertising,* IES report 371, Brighton: The Institute for Employment Studies, 2000.

Jacoby, S.M., *The embedded corporation: Corporate governance and employment relations in Japan and the United States,* Princeton: Princeton University Press, 2005 （鈴木良治・伊藤健市・堀竜二訳『日本の人事部、アメリカの人事部――日米企業のコーポレート・ガバナンスと雇用関係――』東洋経済新報社、二〇〇五年）.

Keller, R. T., "Cross-functional project groups in research and new product development: Diversity, communications, job stress, and outcomes", *Academy of Management Journal,* 44(3), 2001, pp.547-55.

Kelly, J., "The Role of the personnel / HR function in multinational companies," *Employee Relations,* 23(6), 2001, pp.536-557.

Kusunoki, K. and T. Numagami,"Interfunctional transfers of engineers in Japan: Empirical findings and implications for cross-functional integration", IEEE Transactions on Engineering Management, 45(3), 1998, pp.250-262.

Larsen, H.H., London, M., Weinstein, M. and S. Raghuram "High-flyer management-development programs: Organizational rhetoric or self-fulfilling prophecy?" *International Studies of Management and Organization,* 28(1), 1998, pp.64-90.

Pelled, L.H., Eisenhardt, K. M., and K. R. Xin, "Exploring the black box: An analysis of work group diversity, conflict, and performance," *Administrative Science Quarterly,* 45, 1999, pp.1-28.

Purcell, J. and B. Ahlstrand, *Human resource management in the multi–divisional company,* Oxford: Oxford University Press, 1994.

Scullion, H. and K. Starkey, "In search of the changing role of the corporate human resource function in the international firm," *International Journal of Human Resource Management,* 11(6), 2000, pp.1061-1081.

Shipton, H., West, M. A., Dawson, J., Birdi, K., and M. Patterson, "HRM as a predictor of innovation," *Human Resource Management Journal*, 16(1), 2006, pp.3-27.

Weber, W., Kabst R., and C. Gramley, "Human resource policies in European organizations: An analysis of country and company specific antecedents," in C. Brewster, W. Mayrhofer and M. Morley eds, *New challenges for human resource management*, Basingstoke: Macmillan, 2000.

第8章

男女共同参画社会と女性のキャリア形成

巣立ちの時は晴れやかに

時には家庭と仕事の両立をアドバイスすることも

はじめに

福井県では、一九八八年の「二一世紀をめざすふくい女性プラン」の策定以降、前回の「福井県男女共同参画計画」（計画期間：二〇〇二―二〇一一年度）に至るまで、男女共同参画の実現に向け、女性の就業率や夫婦世帯に占める共働き世帯の割合が日本一という、福井県の特徴を踏まえながら、諸施策を総合的に実施してきた。

しかし、二〇一〇年に実施した「男女共同参画に関する意識調査」では、「男は仕事、女は家庭」という考え方を肯定する人が約半数を占め、相変わらず、性別による固定的役割分担意識が残っている。

こうした中、これまでの成果や課題、社会情勢の変化を踏まえ、二〇一一年度、「第二次福井県男女共同参画計画」を策定し、より効果的な男女共同参画の推進により、「男女が共に子どもから高齢者まで、互いにその人権を尊重し、家庭・職場・地域でそれぞれの考え方や能力を生かし協力し合い、希望を持って活躍できる社会」を目指している。

一　福井県の男女共同参画をめぐる現状と課題

(1) 少子高齢化の進展、人口減少時代の到来

日本では、人口減少と少子高齢化が同時に進行しており、高齢者人口（六五歳以上人口）が増加する一方、生産年齢人口（一五―六四歳の人口）が減少することが見込まれている。こうした中、福井県の人口は、一九九九年の八三万一〇〇〇人をピークとして減少傾向が続き、二〇一一年一〇月には八〇万三〇〇〇人まで減少し、二〇一二年八月一日現在の推計人口では、一九八二年七月以来三〇年ぶりに八〇万人の大台を割り、七九万九五八三人まで減少している。今後、二〇三五年には、約六七万六〇〇〇人にまで減少すると推計されている。

人口構成を見ると、二〇一〇年国勢調査では、福井県の高齢者人口の割合は二五・二％と全国より三年程度高齢化が先行しており、今後二〇三五年には三四・〇％まで高齢化が進むと予想されている。一方、生産年齢人口の割合は、六〇・八％から五四・九％に減少し、一五歳未満の年少人口も、全国に比べ高い割合にあるものの、一三・九％から一一・〇％と減少が見込まれている。

単純に高齢者人口と生産年齢人口の割合で計算すると、二〇一〇年には、一人の高齢者を二・四人の現役世代が支えているが、二〇三五年には一人の高齢者を一・六人の現役世代で支えることとなる。

次に、出生の状況をみると、合計特殊出生率（女性一人が生涯に生む子どもの数）は、全国では、一九

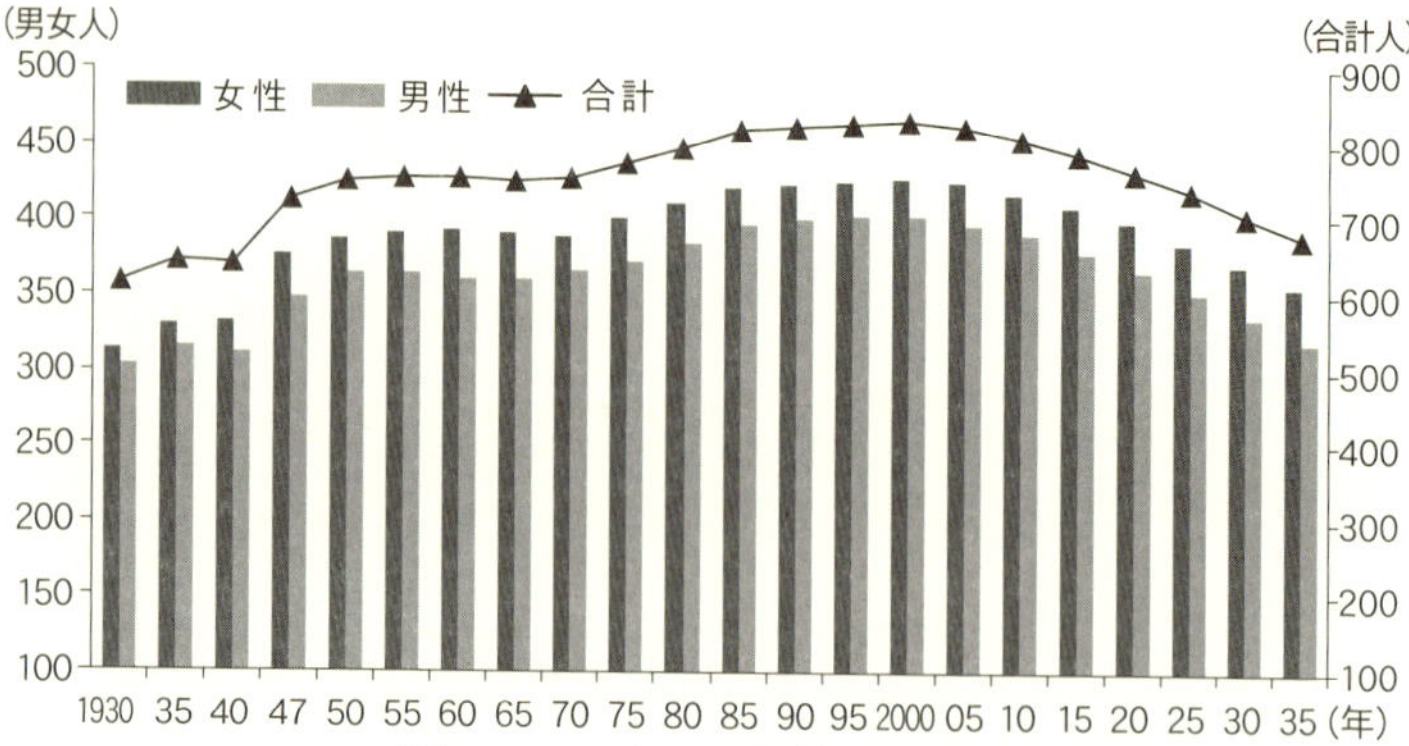

図8－1　人口の推移（福井県）

出所：～2010年は総務省「国勢調査」，2015年以降は国立社会保障・人口問題研究所「都道府県の将来推計人口」（2007. 5推計）．

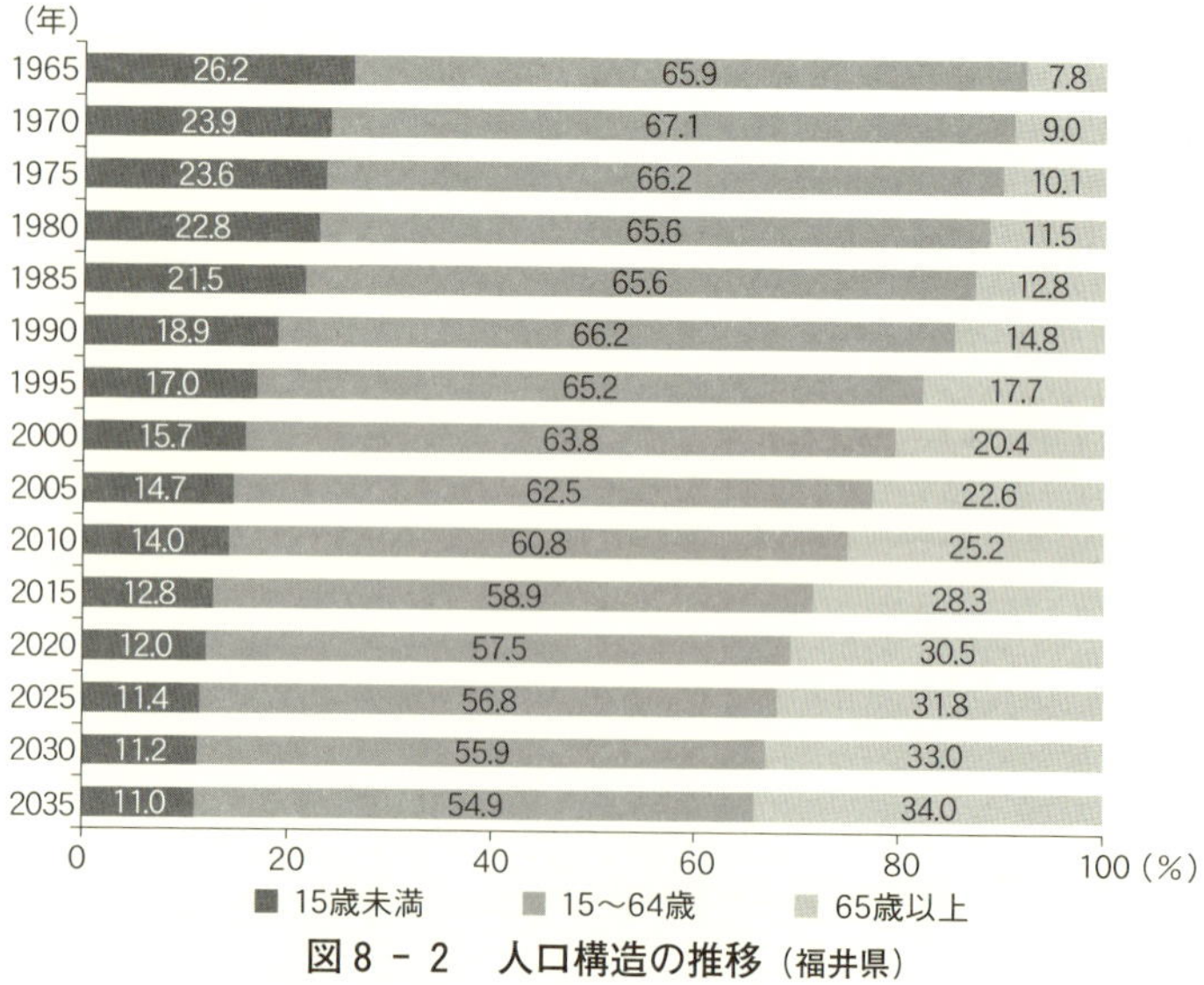

図8－2　人口構造の推移（福井県）

出所：～2010年は総務省「国勢調査」，2015年以降は国立社会保障・人口問題研究所「都道府県の将来推計人口」（2007. 5推計）．

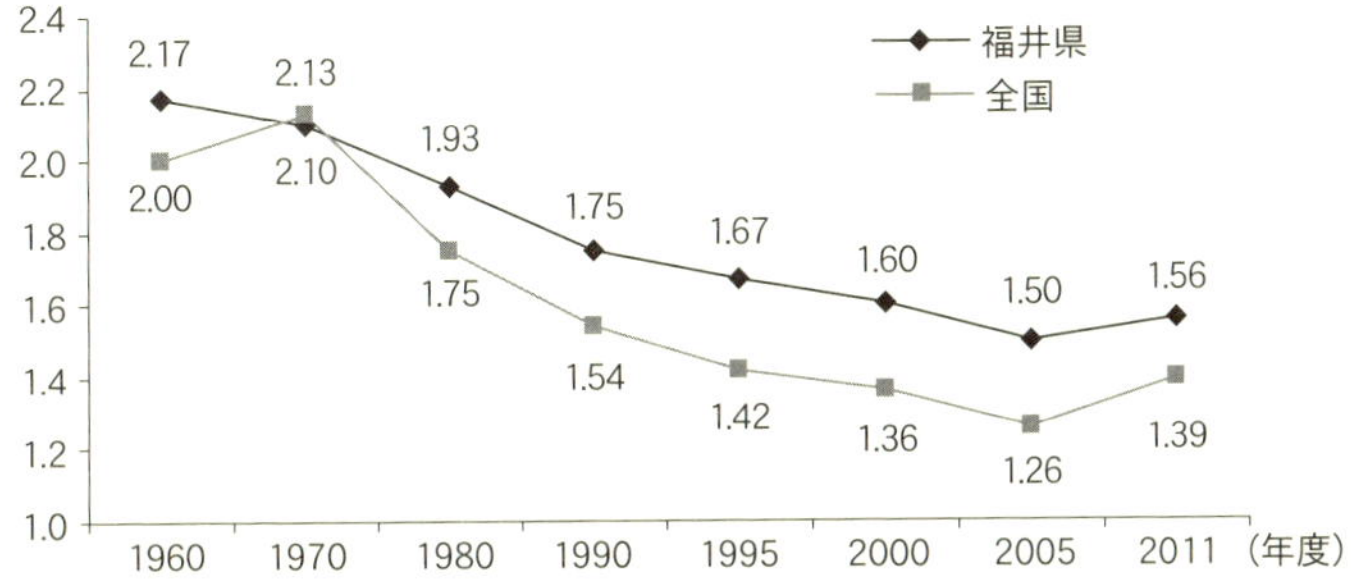

図８－３　合計特殊出生率の推移

出所：厚生労働省「人口動態統計」.

七五年に人口置換水準（長期的に人口が安定的に維持される合計特殊出生率の水準）の二・〇八を下回って以降、減少傾向が続き、二〇〇五年には一・二六と過去最低を更新、出生数も同年には一〇六万人と最低を記録するなど、少子化が急激に進んでいる。

　福井県の合計特殊出生率は、二〇〇四年の一・四五と過去最低を記録した後、全国唯一、二〇〇五年以降四年連続で上昇し、二〇〇八年には一・五四（全国六位）、二〇一〇年は一・六一（全国八位）、二〇一一年には一・五六（全国九位）と全国上位を維持しているものの、出生数は、一九八六年に一万人を下回り、二〇一一年には、六七二八人で前年に比べ一四六人減少し過去最低となっている。今後も、出産年齢層の人口が減少していることから、合計特殊出生率が上昇に転じたとしても、子どもの数そのものは減少の一途を辿ることとなる。

　ちなみに、一九七五年以降の合計特殊出生率は、連続一位が沖縄県（二〇一一年：一・八〇）で、最下位が東京都（同年：一・〇〇）となっている。

　このように少子化が進行することにより、労働力人口の減少な

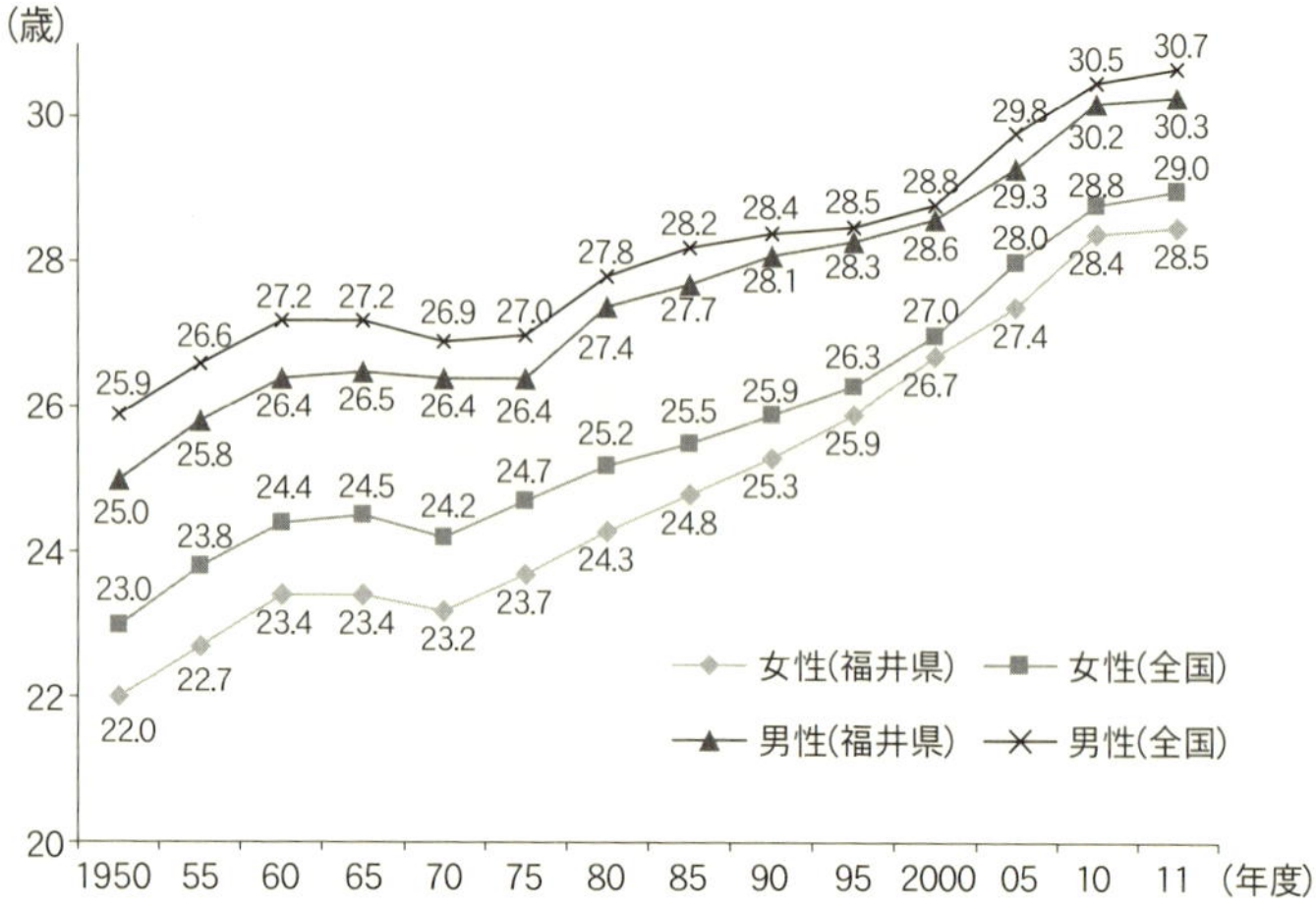

図８－４　平均初婚年齢の推移

出所：厚生労働省「人口動態統計」.

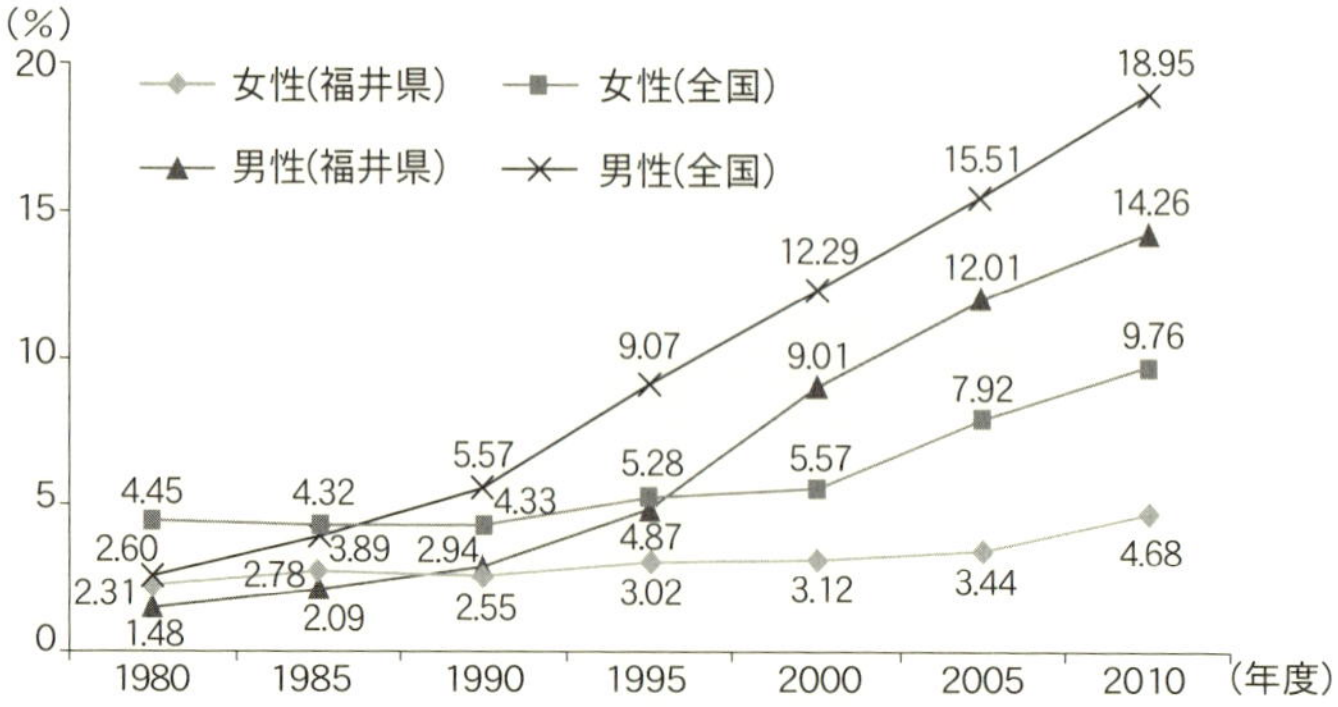

図８－５　生涯未婚率の推移

出所：総務省「国勢調査」.

どの経済的な影響はもとより、子どもの育ちに対する影響や地域社会の活力低下などの社会的な影響も生じると言われている。

少子化が進行している要因としては、結婚した男女が持つ子どもの減少と、晩婚化、未婚化の二つが言われている。

福井県の二〇一一年の平均初婚年齢は、男性が三〇・三歳（全国三〇・七歳）、女性二八・五歳（全国二九・〇歳）となっており、全国平均よりは、若干早く結婚しているが、約三〇年前の一九八〇年と比較すると男性で二・九歳、女性では四・二歳上昇しており、全国同様上昇傾向が続いている。

また、福井県の二〇一〇年の生涯未婚率（五〇歳時の未婚率）は、男性が一四・二六（全国一八・九五）、女性が四・六八（全国九・七六）となっており、男女とも全国を下回っているものの、上昇しており、特に男性が著しく上昇している。

(2) 福井の女性の就業環境

このように少子高齢化が急速に進んでいる状況を考えると、今後の福井の発展を支えるには、男性、女性あるいは障がい者など多様な人材の能力や意欲を最大限引き出し、企業利益につなげることはもちろんのこと、子育てや地域の支え合い、環境保全や町の賑わいづくりなどといったさまざまな分野で活躍できるようにしていくことが重要である。「第二次福井県男女共同参画計画」を策定する際にも、「福井県男女共同参画審議会」委員からは、「世界経済の厳しい中で、男性も女性も皆で力を合わ

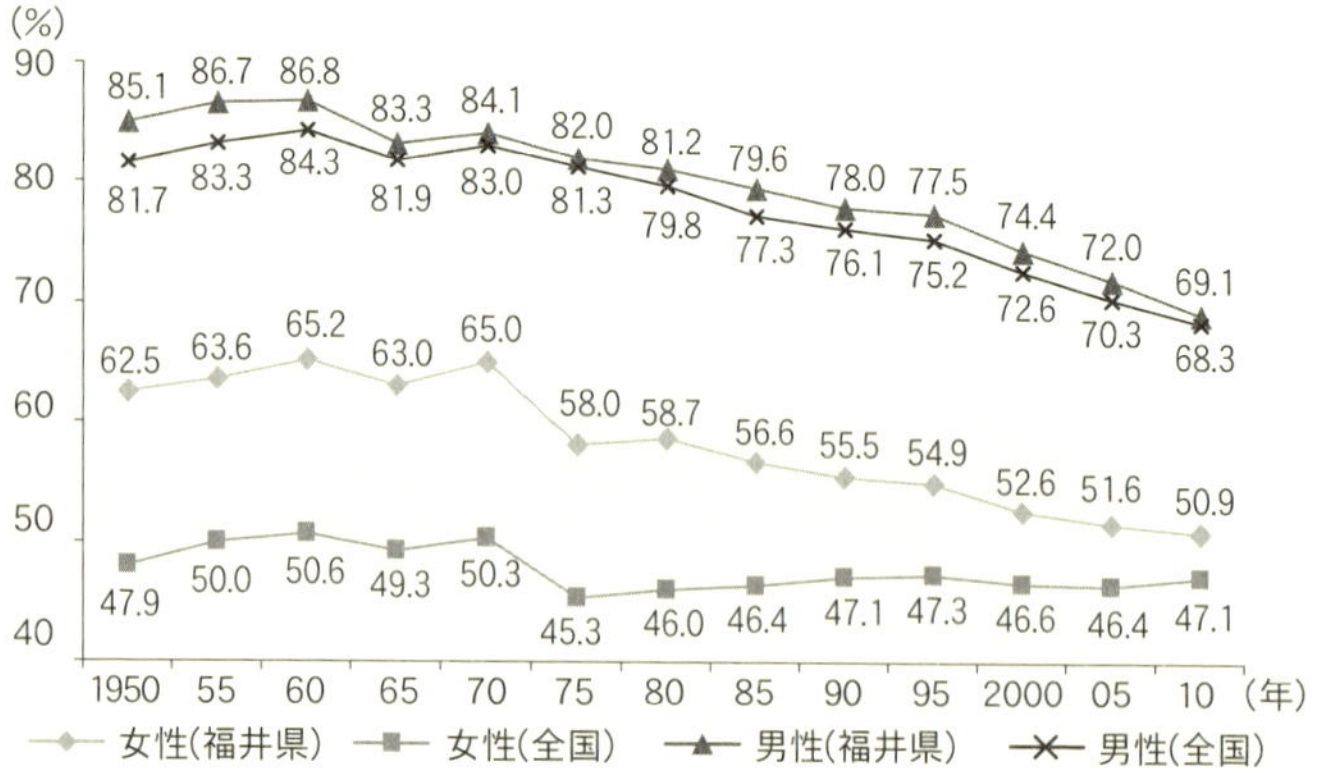

図８－６　就業率の推移

注：就業率＝15歳以上人口に占める就業者の割合.
　　2000年，2005年，2010年の就業率は15歳以上人口から「労働力状態不詳を除く」.
出所：総務省「国勢調査」.

せていかないといけない、男とか女とか言っている場合ではない」といった意見があったと聞いている。

特に、二〇一〇年の国勢調査によると、福井県の女性の就業率（一五歳以上に占める就業者の割合）は、全国第二位の五〇・九％（全国平均四七・一％）、共働き世帯（夫婦ともに「就業者」の世帯）は、全国一位の五六・八％（全国平均四五・四％）となっており、福井県において、ダイバーシティの推進は、女性の活躍支援がその試金石となる。

ちなみに、男性の就業率は六九・一％、一九八〇年の八一・二％から比較すると、高齢化の影響によりマイナス一二・一ポイントと大幅に下がってきている。女性も五八・七％から七・一ポイントと若干緩やかではあるが下がり続けている。

なお、女性の就業率、共働き率とも全国で一番低いのは専業主婦が多いと言われている奈良県（就業率：五〇・九％、共働き率：三七・二％）で、就業率が

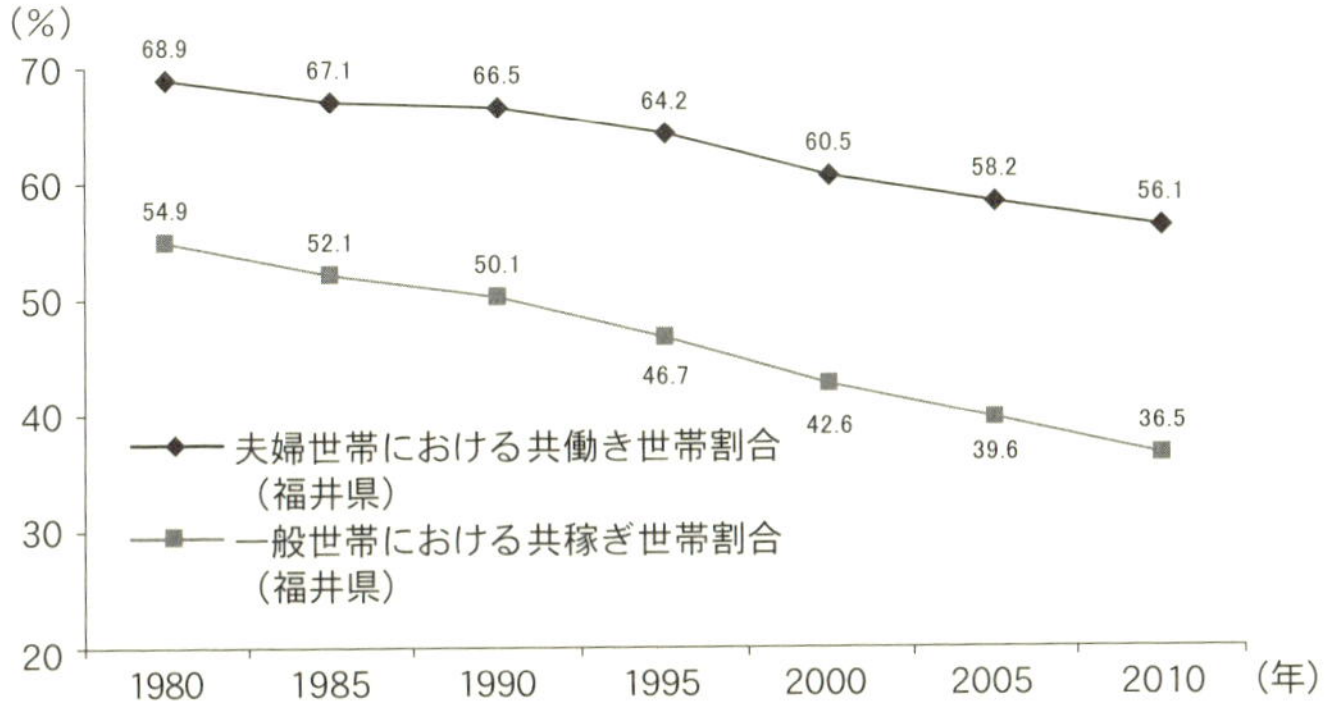

図８－７　共働き世帯割合の推移

出所：総務省「国勢調査」.

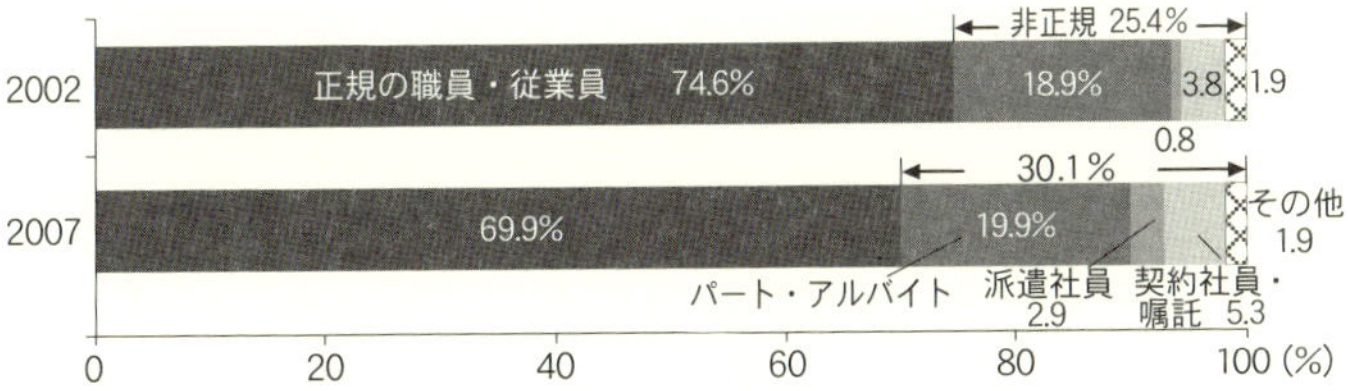

図８－８　雇用形態別雇用者数の割合

出所：総務省「就業構造基本調査」.

一番高いのは石川県（五一・二%）となっている。

このように全国と比較して就業の場における女性の進出が進んでいる福井県だが、就業者のうち管理的職業従事者に占める女性の割合は、二〇一〇年の国勢調査によると、一一・七三%と二〇〇五年の九・三%よりは上昇したものの全国平均の一三・九八%を下回り、全国四一位となっている。ちなみに、全国一位は徳島県（一七・六六%）、二位は高知県（一六・七三%）、三位は熊本県（一六・四八%）である。

なお、二〇〇七年の就業構造

表8－1　就業上の地位別15歳以上雇用者数

（人，％）

	総数	割合	男	割合	女	割合
雇用者（役員を除く）	315,723	100.0	167,023	100.0	148,700	100.0
正規の職員・従業員	222,598	70.5	141,142	84.5	81,456	54.8
労働者派遣事業所の派遣社員	8,725	2.8	4,111	2.5	4,614	3.1
パート・アルバイト・その他	84,400	26.7	21,770	13.0	62,630	42.1

注：雇用者（役員を除く）に占める割合.
出所：総務省「平成22年国勢調査」.

基本調査によると、福井県の非正規雇用割合は三〇・一％で、全国の三五・六％を大きく下回っている（全国で三番目に低い）が、二〇〇二年の二五・四％と比較すると四・七ポイント増加しており、福井県でも雇用の非正規化が進行している。

また、二〇一〇年の国勢調査によると、雇用者のうち、「正規の職員・従業員」が雇用者の七〇・五％、「労働者派遣事業所の派遣社員」が二・八％、「パート・アルバイト・その他」が二六・七％。男女別に見ると、「正規職員・従業員」が男性で八四・五％（全国第六位）、女性で五四・八％（全国第二位）と全国と比較して、ともに高くなっている。

一方、賃金は、二〇一〇年人口動態調査によると、男性は、二〇〇〇年と比較して減少しており、男性の賃金を一〇〇としたときの女性の賃金は、六五・六と男性に比べ低くなっている。

二　大きな女性の潜在力
――なぜ、女性応援なのか？――

少子化、人口減少が進み、経済の活力が失われつつある現状において、女性が子どもを持ち、仕事も持ち続けられる社会を実現できるかどうかが、持続的成長の鍵を握る。「女性の活躍による経済社会の活性化」という考え方は、国の第三次男女共同参画基本計画でも強調されている。

子育ても仕事も負担を感じる面もあるものの、一方で、人々の幸福度を上げ、将来の消費を増加させる。諸外国の例を見ると、ワークライフバランスに取り組む地域は、「働きやすく暮らしやすいため、子育て世代や次の子育て世代である新婚世帯等を惹きつける→納税者が増え、自治体の税収も潤う」と言われており、子育てしやすく女性が働きやすい環境を整えられるか否かは地域の活性化にとっても鍵となると考えられる。

共働き率日本一に表れているように福井県には「女性が働くのが当たり前」という考え方が昔からあり、働くことに抵抗感がない。むしろ、働いていない方が肩身が狭いという土地柄である。しかし、女性の側に、「働くのは当たり前だが、責任のある立場はどうも……」と尻込みする意識があるという意見が、企業訪問などの場で多く聞かれたが、責任のある役職につくことや、能力の発揮を強く願っている女性も、一方で確かにいる。

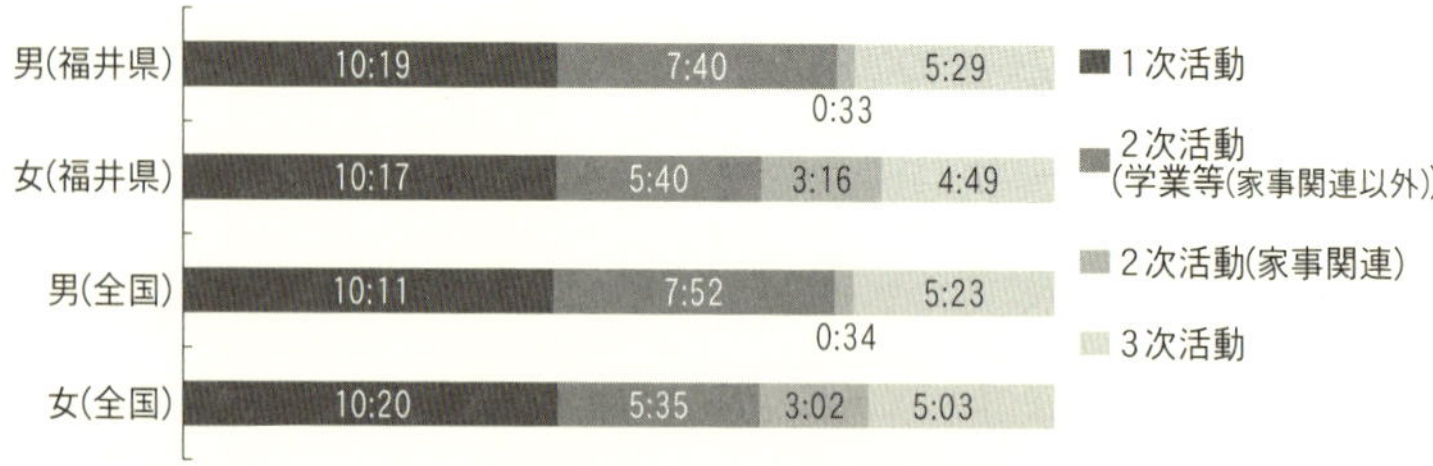

図8－9　生活時間

注：１次活動…睡眠・食事など生理的に必要な活動.
　　２次活動（学業等）…仕事，通勤・通学，学業.
　　２次活動（家事関連）…家事，介護・看護，育児，買い物.
　　３次活動…１次２次活動以外で自由に使える時間における活動.
出所：総務省「平成23年社会生活基本調査」.

第二次福井県男女共同参画計画を策定する際、審議会や県民の意見を聞く会では、「女性が忙しすぎる」「女性に負担が集中している」といった意見が多数あった。

これはデータでも裏付けられており、福井県女性の月平均実労働時間は、一七七時間と全国（一七二時間）より多く、全国一位となっている。（二〇〇八年賃金構造基本統計調査）

一方、学習・研究、趣味などの時間が取れている女性の割合（二〇一〇年県民意識調査：四〇・二％）は、国の調査（二〇〇八年ワークライフバランスに関する特別世論調査：五二・八％）と比べて低い。その他、女性は結婚・出産しても職業を持つ方が良いと考えている男性は六五・三％だが、育児は「主として女性が受けもつ方が良い」と考えている男性は三八・一％に上る。また、女性が働き続けることを困難にしていることとして、女性の七四・五％が「育児」と答えている（二〇一〇年県民意識調査）。

このように福井県の女性は非常に多忙で、自己研鑚のための時間や子どもと接する時間が十分とは言えず、仕事と家事、育児と

表8－2　育児休業取得率

年度	2000年度	2003年度	2006年度	2012年度
男性	0.0%	0.4%	0.7%	0.9%
女性	74.7%	82.7%	88.1%	91.3%

出所：福井県労働政策課「福井県勤労者就業環境基礎調査」.

いう二重負担、三重負担を抱えた状況の中では、指導的立場に立つことを躊躇する意識があるとの指摘もあり、女性の能力の発揮には、女性のゆとりの創出や負担感の軽減も必要である。

女性の九一・三％が育児休業を取得する一方で、男性の育児休業取得率は二〇一二年度において〇・九％と、二〇〇三年度の〇・四％から若干伸びてはいるが、低い状況が続いている。

また、県が二〇一〇年度に行った「家族時間（子育て中の家族が、話し合い、楽しみあい、協力し合うため、ともに過ごす時間）に関するアンケート」によると、平日の父親の家族時間は一時間五二分、母親は四時間一分と男性の家族時間が大変短くなっている。

さらに、県民意識調査（二〇一〇年）によると、「男性も積極的に家事をするほうがよい」と考えている男性は二二・七％で、家庭生活への参画意識が高いとはいえない状況にあり、家庭生活において、食事の支度や後片付け、洗濯、掃除などをほとんどしない男性が多数に上る結果が出ている。こうしたことからも、仕事とそれ以外の時間をバランスよくとるために必要なこととして、「配偶者が家事・育児・介護に参加してくれること」と考える女性が最も多くなっている。

福井県は三世代同居率が全国二位（二〇一〇年国勢調査）であり、共働き世帯の子育てを祖父母が支援するため、出産や育児で落ち込みがちな女性の子育て期の労働力率の低下（いわゆるM字カーブ）は全国平均より小さく、継続して高い労働力率を維持している。しかし、前述のように少子高齢化が急激なスピードで進むことを考えると、福井県においても、今後、子育てや、家事、介護などを社会全体で支援し、男女共に仕事と家庭の調和の取れた生活スタイルを実現することが必要である。

三　福井県の女性活躍応援

こうした現状を踏まえ、福井県では、「第二次福井県男女共同参画計画」において、女性のキャリア形成を考える上で、特に、「女性リーダーの出やすい社会づくりの促進」「仕事と家庭の調和の取れた生活スタイルの実現」を目指し、リーダーを目指す活き活きとした女性の育成や女性の「ゆとり」の創出のためのさまざまな施策に取り組むこととしている。

(1) リーダーとなる女性の応援

これまでも、生活学習館に設置している「ふくい女性活躍支援センター」において、キャリアアップや起業・再就職を目指す女性からの相談、高い資質を備えたリーダーを養成するための研修の実施などにより女性の活躍を支援してきた。

二〇一二年度からは、女子学生のためのリーダー育成プログラムの開発・研究に実績のあるお茶の水女子大学と県が協定を締結し、キャリアアップを目指す女性に必要な研修等を体系化した新しい人材育成プログラム「未来きらりプログラム」を作成し、県内企業から派遣された女性に対して研修を実施している。

このプログラムでは、前述したように、福井県では、家事、育児の負担が男性に比べて大きいため、リーダーになることが難しいと考えている女性が多いことから、仕事、家庭、ゆとりのバランスのとれたリーダーの育成を目指している。

目指すリーダーの姿は、家庭や職場などの環境によってそれぞれ異なる。職場での仕事が変化したとき、家庭環境が変化したとき、自分の目標が変わったときなど、環境に変化が生じた場合に、再度、目指すリーダー像を考え直す必要がある。そのため、まずは、自分がどんなリーダーになりたいのかを考え、目指す将来のリーダー像を明確にすること、さらには、仕事・家庭・ゆとりのバランスは、人生の段階に応じて変化していくため、年代に応じて、自分の目指す仕事と家庭とゆとりのバランスを考えることが必要になってくる。

このため、「未来きらりプログラム」では、①自分を知り、目指すリーダーの姿を明確化する能力、②女性を取り巻く社会（自分が働く環境）について理解する能力、③自分の意見や提案を、言葉や文章で伝えるコミュニケーション能力、④状況や資料を分析して問題を発見し、独自の発想で企画する能力、⑤チーム協働力（少人数のグループで協働して実施する能力）、⑥仕事と家庭の両立、ゆとりを作

表8－3　未来きらりプログラムスケジュール（平成24年度）

	基本課程 1年目のメンバー	基本課程 2年目のメンバー	J-Win共催フォーラム企画・運営	お茶の水女子大学主催公開講座聴講 J-Win拡大会議参加	アラカルト講座
5月	お茶の水女子大学　あいさつ お茶の水女子大学講義① キャリアデザイン		J-Winとの打合せ	お茶の水女子大学主催 ロールモデル講演会， リーダーシップ講演会聴講 （6回開催 希望する講演に参加） ↓	生活学習館で開催する研修のうち，希望する講座を1講座以上受講 ↓（3月まで）
6月	ビジネススキル講座①－1 チームコミュニケーション 理論的な話し方，傾聴力，質問力	ビジネススキル講座①－2 リーダーとしてのコミュニケーション 部下や後輩との関係の作り方	フォーラムテーマ， 実施事項の決定 J-Winに講師派遣依頼		
7月	ビジネススキル講座② タイムマネジメント 仕事の家庭のバランスをとり，ゆとりを作る		役割分担		
8月	ビジネススキル講座③ マーケティング 現状分析と戦略の立て方				
9月	お茶の水女子大学講義② 福井の特徴を活かした女性リーダー像について		広報開始		
10月	仮想プロジェクト① 「企画の立て方」 発想法とアイディアを企画にする		役割ごとに事前打合せ	お茶の水女子大学主催 金融セミナー聴講 （希望する講演に参加） ↓	
11月	J-Win共催フォーラム開催		リハーサル J-Win共催フォーラム開催		
12月	仮想プロジェクト② 「プレゼンテーション技術」 プレゼンテーションの組み立て方，話し方				
1月	仮想プロジェクト③ 「プレゼンテーション実践」 プレゼンテーション事前発表，資料修正				
2月	仮想プロジェクト④ 「プレゼンテーション発表」 参加企業の担当者による審査				
3月	1年間の振り返り お茶の水女子大学　講評 ロールモデル（ふくい女性ネットNEXTメンバー）との交流会			J-Win拡大会議への参加	

り出す能力、といったスキルを養うことを目指している（具体的プログラムは、表８－３を参照）。

なお、受講生は、月一回程度、仕事の一環として企業から派遣してもらうこととなるため、一年毎に、プログラムを三分の二以上受講した場合は、修了証を交付することとしており、仕事をやり繰りしながら、また、家庭での協力も仰ぎながら、意欲的に受講しないと修了要件を満たすことができない。二〇一二年度、約半分のスケジュールを終えた段階ではあるが、ハードな中にも着実に受講生のスキルが向上していることを感じる。

また、ＮＰＯ法人Ｊ－Ｗｉｎ（企業における女性活躍の促進を目的に設立された企業メンバー制の団体：企業会員八八社）をお手本に、相互交流と自己研鑽ならびに企業における女性の活躍促進を目的とした学習会や交流事業、情報発信事業に取り組む働く女性のネットワークである「ふくい女性ネット」を二〇〇七年度に発足させている。２年間の任期で、毎年半数ずつ入れ替わりながら、二〇一一年度までに五〇社七四名が参加している。

二〇一二年度からは、「ふくい女性ネット」の四期生一四名と今年度新たに募集した五期生一九名が、前述の「未来きらりプログラム」を受講している。事務職、営業職、技術職等多様な職種に加え、二〇代から五〇代までといった幅広い年代の女性が参加している。

さらに、二〇一一年一月には、自主的な団体として、ＯＧ会である「ふくい女性ネットＮＥＸＴ」が発足した。ふくい女性ネットで培ってきたネットワークを維持し、メンバーが互いの交流・情報交換を深めるとともに、更なる自己研鑽を積み、女性活躍推進社会に向けて長期的に活動できる体制づくりを目指している。働く女性のよきロールモデルになってもらうことも期待しており、県としてもその活動を側面から応援していきたいと考えている。

このほか、「企業等における男女が活躍しやすい環境整備」も重要である。

福井県では、二〇〇七年度より「ふくい女性活躍支援企業」を募集登録している。二〇一二年一二月末現在九二社の企業に登録いただいており、女性活躍推進員の配置、未来きらりプログラムやふくい女性活躍支援センター開催の研修会等への参加、自社の女性活躍度の検証などに取り組んでもらっている。

ふくい女性活躍支援企業については、県のホームページや学生の就職説明会でのパネル紹介などを行っているので、就職活動の際の参考にしていただきたい。

また、女性が仕事に責任を持ち、管理職やリーダーとして第一線で活躍していくためには、女性が働くことに理解を示し、その成長を熱心にサポートし、相談に乗ったり見守ってくれたりする「メンター」の存在が欠かせない。

今日までに築かれてきた企業文化や職場風土を変え、女性のパワーアップを推進していけるかどうかは、経営者や管理職の女性登用に対する意識の高さに加え、身近に職業人としての成長を支えてくれるメンターが存在するか否かで大きく左右される。

県では、二〇一一年度から生活学習館において、企業の管理職や役員（男性、女性）に対するメンター養成講座を開催し、女性のよき相談相手としての「メンター」を養成するとともに、その実例を発信していくこととしている。

今後も、女性を積極的に採用、登用するなどの女性活躍を応援する企業を、毎年一〇〇社以上にも及ぶ企業訪問活動の強化により、少しずつ増やしていきたい。

(2)「仕事と家庭の調和」の推進

働く女性の多い福井県においては、仕事と家庭の調和を実現することは、女性の就業継続やそれぞれの女性が望む分野や方針決定過程への参画の拡大を進めていく上で不可欠である。

また、仕事と家庭の調和は人々の健康を維持し、男女のボランティア活動、趣味や学習、地域社会への参画等を通じた自己実現を可能とするとともに、家族が安心して暮らしていく上でも重要である。

福井県においても、三世代同居の世帯が徐々に減少し、核家族世帯が増加してきている中、家庭や地域において、男女がそれぞれの役割を果たすためには、仕事と家庭の調和の取れた生活スタイルの一層の推進が必要である。

二〇一一年の国の社会生活基本調査によると、福井県の有業女性が余暇活動に当てる時間は一日平均四・四九時間で全国三七位、一方、仕事や家事の時間は一日八・五五時間で全国七位、ちなみに男性が余暇時間に当てる時間は一日平均五・二九時間で全国一九位、仕事や家事の時間は一日八・一三時間で全国三一位、そのうち仕事の時間は七・〇一時間で全国一六位となっている。

第二次福井県男女共同参画計画策定の際にも、審議会の委員や県民から、「毎日非常に長時間にわ

図８－10　家事チャレンジ検定ロゴ

出所：福井県男女参画・県民活動課作成.

たって仕事をしており、家のことには関わらないなど、現在の男性の働き方には問題がある」との意見や「個人の意識改革だけでは難しいので企業も含め、男女が協力して家事・育児・介護を行う風土づくりが必要だ」との意見があった。

こうした状況も踏まえ、福井県では、男女が仕事・家庭・育児を協力して行う家庭や職場での環境づくりを推進するため、庁内関係部局（男女共同参画、子育て、労働）が連携して事業を行っているが、中でも、福井県の特色ある事業を紹介する。

一つ目は、「家事チャレンジ検定」である。男女が協力して家事を行う風土づくりを目指し、クイズ感覚で家事の基本的な内容について学ぶ筆記試験の他、筆記試験に合格した男性で希望者に実技試験を実施するというもの。第一回検定（六月九日から七月二〇日まで募集）では、二〇七名が受験し、一七四名が合格、このうち一七名の男性が、八月一二日に、ユー・アイふくいで開催した「家事チャレンジイベント」において実技試験に臨んだ。

当日は、実技検定の審査員に幸せ料理研究家の「こうちゃん」こと相田幸二氏を招き、料理&トークショーや男性向け料理雑誌とのタイアップイベント「男の丼塾」、プロから学ぶ「家事アラカルト教室」などを行い、親子連れなど約六〇〇名が参加した。現在、第二回検定（八月一一日から二月一三日まで募集）を実施中である。その他、男性を対象とした魚のさばき方やアウトドア・中華などの料理、掃除、洗濯等に関する講座を生活学習館で開催している。

二つ目は、「父親子育て応援企業表彰」、「みんなで帰ろう〝家族時間デー〟事業」、「〝おはよう！からはじめる家族時間〟運動」といった子育て応援事業である。

「父親子育て応援企業表彰」は、仕事と子育ての両立を支援する取組みを進めている企業で、特に仕事中心となっている父親が、家事や育児といった家庭での役割を増やすことができるよう、父親の子育てを応援する独自の制度（子の看護休暇や配偶者の出産にかかる特別休暇等育児・介護休業法の義務規定を超える制度の導入やノー残業デーの実施、家族時間を伸ばすため活動等）を導入し、かつ、その制度について男性の利用実績のある企業を表彰している。表彰を開始した二〇〇五年度から二〇一一年度までに四六社を表彰し、その取組みを県のホームページなどで広く紹介している。

「みんなで帰ろう〝家族時間デー〟事業」は、子育てしやすい職場環境づくりを進めるため、県内企業の参加を呼びかけ、毎月二回を基本に家族時間デーを設定し、定時退社に取組んでもらおうというものである。参加する従業員には、特典として、県・市町の公共施設のクーポン券（家族時間応援券）を配付し、家族時間を伸ばすために活用してもらっている（家族時間：子育て中の家族が、話し合い、楽しみ合い、協力し合うため、ともに過ごす時間）。

また、働き方の見直しとともに、家庭での親子のふれあいを増やすことも重要であり、毎日仕事や家事で忙しい親が日常生活の中の時間を工夫して、少しずつでも子どもとふれあう時間を増やすため、「おはよう！からはじめる家族時間」運動の推進や子どもとふれあう時間の充実に役立ててもらおう

図８－11　子育てモデル企業ロゴ

出所：福井県労働政策課作成.

と、県内各地で開催されるイベントの中で親子が一緒に家族時間を過ごすための遊びの教室「親子遊び塾」も実施している。

三つ目は、「企業子宝率」調査の実施である。中小企業の子育て環境を把握し、企業の自主的な取組をさらに促進させるために、二〇一一年度に全国で初めて内閣府男女共同参画会議前専門委員　渥美由喜氏監修の下、「企業の合計特殊出生率（愛称：企業子宝率）」の調査を実施した。

この「企業子宝率」とは、企業の従業員（男女を問わず）が当該企業在職中に持つことが見込まれる子どもの数をいい、その値が二・〇を超えた上位七社を「子育てモデル企業」として認定した。この七社を見ると、すべてが従業員五〇人未満の小規模企業であり、社内コミュニケーションが十分に取れている、育児にかかる遅出や早退などが企業現場の判断で取得しやすい職場環境となっている、などが特徴であった。一般的に、大企業は制度が整っているため子育て支援が進んでいると考えられがちだが、今回の調査により、子育て支援における中小企業としてのメリットを浮かび上がらせる分析結果となったことから、今後も引き続き「企業子宝率」調査を実施し、この調査を通じて、従業員の子育てを応援する企業を増やしていくこととしている。

おわりに

これまで記述したように人口減少・少子高齢化の進展により、女性を取り巻く環境が大きく変化している中、三〇年以上にわたって仕事を継続してきた先輩として、個人的な筆者の主観も含めて、女性が就業を継続させるポイントについて記述したい。

筆者の若干上の世代では、女性にややハンディキャップを付けて引き上げよう、女性に少々無理をさせてでも重用することが良いとされた時代があった。そのために、男性のように業務経験を積ませてもらっていない中で、管理職に登用され、自分の持てる能力以上の仕事をし、そのギャップに悩み大変苦労をしてきた方々がいる。

そうした時代から比べると、現在は、育児休業の取得等、女性が働きやすい環境がずいぶんと整ってきている。また、企業の意識も変わりつつあり、チャンスを活かすか活かさないかは、そこで働いている女性自身の気持ち・士気が重要となってきている。

結婚や出産によって、キャリアアップを望まない人が増えてしまうと、組織全体の活力が落ちてしまう。結婚や出産をしても「自分はこういう仕事をやっていくのだから、産休中にこういう本を読もう、こういう資格をとっておこう」といったマインド設定もしっかりやっていく必要があると思う。

こうしたマインドを持たないと、育児休業取得後退職してしまい、子育てが一段落した際に再就職を希望しても就職ができなかったり、思うような仕事につけずパートやアルバイトでの就業形態を取らざるを得なかったりなど、賃金面や幸福度の面で後悔することになるかもしれない。

確かに、育児休業などを全て取得する権利はあるが、家族のバックアップがあるなら、キャリア形成や、技能を要する仕事の場合はその技能の維持という点から、取得期間も自分にとってどれくらいの期間が最適か考えることも大事である。幸い福井県には、前述したように子育て日本一と自負するほどのバックアップ体制が整っている。女性自身の意識も変えていけば、キャリアアップは充分可能である。

例えば、賃金面では、就業時間が不規則になりがちなＩＴ関連の企業を訪問をした際に伺った話であるが、以前は、結婚・出産を機に退職するものがほとんどだったが、ここ数年は、再就職が難しいことや配偶者の雇用不安もあってか、育休等を取得しながらも退職する者がいなくなったとのこと。

また、意識面ではポジティブ・アクション（固定的な男女の役割分担意識や過去の経緯から、営業職に女性はほとんどいない、課長以上の管理職は男性が大半を占めている等の差が男女労働者の間に生じている場合、このような差を解消しようと、個々の企業が行う自主的な取組）の取組に熱心で、子育て応援企業としても著名なベネッセコーポレーションでは、営業職は転勤が多いことから、以前は男性が多かったが、五年程度前から女性比率がアップし、子どもを連れて転勤する女性も現れた。それまでは女性の転勤命令自体なかったが、人脈や仕事の幅を広げてキャリアアップするためには転勤も必要と、海外勤務にも、手をあげる女性が増えたと聞く。

女性の活躍を促進するための一つのポイントとして、社員のライフステージを理解し、それを尊重することがあげられる。いくら男女平等、共同参画とはいっても、やはり家事・育児に関しては女性の方の負担が大きいのは事実である。結婚、出産、子育て、やがては介護、これらの多くが、女性の肩にかかってくる。そんな中にあっても、会社や上司に、自分が今どんな暮らしの問題に直面しているか理解してもらい、なんらかの支援を受けることができるなら、女性は働き続けることが可能である。

また、管理職として活躍するためには、そのポジションを任せられる人材の養成・育成をしていくことが重要であり、各企業においては、男性同様、各部署をローテーションしていろいろな仕事を学び、経験を積んでいける環境を整備することが必要である。一方、女性社員はそうしたチャンスが訪れたなら、チャレンジの芽を自分でつみとることはしないで、ポジションが人を育ててくれるという面もあるので、まず、手をあげてほしい。

福井県では、少子化対策の一環として結婚対策にもしっかり取り組んでいる。生物学的には三五歳を過ぎると妊娠・出産はぐっと難しくなると言われているし、子育てには体力も要する。結婚・子育ては人間としての幅も広がり、キャリアアップにも役立つと思うので、できれば、適切な時期に結婚し、子どもを持って欲しい。人生九〇年といわれる時代、子育て期間は長くて二五年程度、その後も人生は続き、平均寿命までまだ何十年もある。

働く女性が半数を超え、共働き日本一の福井県では、「女性の活躍」は県全体の活力につながると信じており、女性自身が自らの生き方を考え、進むべき道を選択し、あらゆる分野で活き活きと活躍する自立した女性が増えることを期待している。

参考文献

厚生労働省・女性の活躍推進協議会「Positive Action――女性社員向けヒント集――」、二〇一一年。

内閣府男女共同参画局推進課「第三次男女共同参画基本計画」、二〇一〇年。

内閣府男女共同参画局『平成二三年度版　男女共同参画白書』、二〇一一年。

――『平成二四年度版　男女共同参画白書』、二〇一二年。

福井県健康福祉部子ども家庭課「第二次福井県元気な子ども・子育て応援計画」、二〇一二年。

福井県総務部男女参画・県民活動課「第二次福井県男女共同参画計画」、二〇一二年。

第9章

公務員としてのキャリア形成

市民参加でキャリア形成を論議

就職後も情報交換は不可欠

はじめに

国内で、事件、事故および災害（以下、これらを一括して、「事件等」と略称する）が発生した際に、それがごく小規模なものであれば、個人レベルでの義侠心の発揮や善意のボランティア活動での対応が期待され、また賞讃されるところである。しかし、そのような対応には限界があるので、組織的・系統的な対応ができる機関として、公務対応に期待が寄せられることは自然の成り行きである。

ところで、これら事件等が発生した場合に限らず、公務員個人の不祥事が発生した場合にも、所管官庁の対応ぶり、さらには職員全般の執務態度までが、マスメディアから批判され、過剰なバッシングに至ることが往々にしてある。これらの反応においては、事件等の本質や根本を問うこともなく、その一断面のみとらえて皮相的にあるいは情緒的に議論されることが多い。

このように事件等や不祥事の発生があれば批判されることが多く、褒められることが少ない仕事であるにもかかわらず、公務員採用試験に対する人気には着実なものがあり、衰えることがない。このようなアンビヴァレンツ（同じ対象に対して正反対の感情が共存する状態）(1) におかれている公務員について、本章では、まず、公務員批判の背景にある屈折した事情を探る。次に、そのような逆風のもとであっても、若者を引き付ける魅力は、公務員試験やその仕事のどこにあるのか整理する。さらに、一口に公務員といっても、業務の多様性がある中で、公務員を希望する人あるいは現職の公務員は、公務員の本分たる自覚をどのように形成し、キャリアアップを図っていくべきか、筆者の経験もふまえて、考えてみたい。

一　公務員批判の背景

(1) 批判者の立場

公務員に対する各種批判は、公務対応の不手際や公務員個人の不祥事が発生した場合に限らず、機会あるごとに噴出し、収まる気配がない。その中には、公務遂行の実情に詳しい有識者による的確で傾聴に値する指摘がある。このような批判にさらされた場合、民間企業であれば、世間の評判や逆風には勝てないという国民性から、当該企業への就職希望者数は大幅に減少すると思われる。しかしながら、公務員の場合、その批判の嵐がいくら厳しくても、受験倍率がそれほど下がるわけではない。

その理由として、二つの視点から説明することができる。第一の視点として、批判する人が、どのような立場からコメントしているかである。批判者がかかえている個々の事情を背景として、批判の切り口が偏向したり、その程度によりさまざまなバイアスがかかる余地がある。テレビ・新聞など多数の人々が接するメディアに登場する場合には、特に注目すべきである。つまり、その批判の内容が、公務の実情を知る者から共感を得られるかどうかである。第二の視点として、好不況にかかわらず、公務員を志望する手堅い学生が存在することである。第二の視点については、第三節で触れることにして、本節では、第一の視点について考えてみたい。四つのケースが考えられる。

第一のケースは、公務員試験を受験したものの、合格には至らなかった人である。中国では、隋の煬帝の時代（六〇六年）から清の時代（一九〇四年）まで、一三〇〇年間、官吏登用試験の制度である「科挙」が存在した。[2]「科挙」は、もともとは科目ごとの試験によって人材を挙げるという意味であり、[3]それに合格できなかった人が、政府への鋭い批判者となったり、時には反乱の首謀者にもなったりした。一八五一年に勃発した太平天国の乱において、一時南京を占領し、「王」を自称した「洪秀全」がその例である。[4]

もっとも、唐の時代の詩人「杜甫」は、科挙には不合格でも、[5]後世に偉大な実績を残している。試験の不合格者がすべて批判者に回るわけではないが、このような事情がありうる。

第二は、ペーパーテストが苦手なため、そもそも公務員試験を受験しなかった人が、ペーパーテストの成果如何で合否が決まる仕組みへの強い嫉妬心から、公務員批判に転ずるケースである。イソップの寓話にある「すっぱいブドウ」の事例[6]からも推測できることである。官吏（現代風に言えば、公務員）は古代から存在していたのに、前出の科挙を除けば、官吏任用試験の開始は、英国では一八七〇年、米国では一八八三年と意外に新しい。[7]身分による登用から本人の実力による登用への転換は、近代社会に必須の選抜方法であり、その判定材料として筆記試験が利用されることは、他に有力な方法がない限り、合理的なものと思われる。

第三は、何らかの用件で役所の窓口に来た人が、その窓口で接触した公務員の対応姿勢に不満をもったことがきっかけである場合、あるいは自宅近くの公務員の優雅な生活ぶりを快く思わない場合が、その例である。個別具体的な不満や嫉妬を一般論として批判に転化したケースである。

第四のケースは、何らかの事情があって不本意な時期に、公務員を退職して、他に転身した人が、自己の転身を正当化ないし合理化するため、かつての職場を批判するケースである。内情に詳しいがゆえに鋭い指摘が多々あるが、自己の立場を正当化することに偏していないか注意が必要である。

批判する人が以上のようなケースに当てはまる場合には、事実誤認や偏見に基づく内容が含まれているので、額面通り受け止めるには慎重さが必要であろう。

(2) 公務員批判に関する事実誤認

一方、公務遂行そのものではなく、公務員個人に対する批判の中にも、情緒的なものや事実誤認に基づくものが多く含まれている。ここでは、公務員個人に対する批判として世情にのぼりやすい内容を取り上げる。そのポイントは、①働かない、さぼっているなど労働効率の悪さに関するもの、②給与が高く、退職金で優遇されているなど経済的な処遇面に関するもの、③公務員宿舎の家賃が低いなど、職務に関連する受益内容に関するもの、以上三点に集約されると思われる。

第一の労働効率の問題について、何を基準として批判するのか不明であるが、公務員の場合、市民と直接接触することの多い窓口業務が対象になるものと思われる。たとえば、サービス業務となる窓口の混雑解消について考えてみたい。まず念頭におくべきは、この現象が公務に固有の現象であるのかどうかという検証である。ＪＲみどりの窓口では、切符を買い求めるお客が長蛇の列をなしていても何ら配慮することなく、一部の窓口を閉めたままという現象がみられる。混雑時を前提として職員を採用していないことは官民共通であるので、一時的な現象として、やむを得ないものと思われる。窓口混雑に対し、「民間であれば社員総出で対応するのに……」、などと安易にコメントする人は、企業の増益が即企業構成員の増収につながるような小規模企業をイメージしているのではないだろうか。大きな組織では、簡単に配置転換できるものではない。民間の窓口では黙して行列するのに、官庁が窓口であれば、事を荒立て声高に非難するのはフェアな姿勢とは思われない。

第二の経済的な処遇面については、採用時からの処遇のトータルで考えるべきものであろう。四〇代・五〇代の人の採用時は、高度経済成長の末期あるいはバブル華やかな頃である。この時期における公務員の処遇は民間の好待遇に劣後していたので、過去の冷遇時代と併せて評価すべきであろう。また、今後の課題として、優秀な職員確保のためには、民間企業においても同様であるが、給与面でも何らかの魅力ある措置が必要であろう。給与水準を下げて、なおかつ滅私奉公型の人材を求めるのは無理である。

個人の才能が発揮できるスポーツ・芸能関係、高度な技術・資質が求められる医療系・法律関連職に多くの志願者を集めるのは、高額報酬が期待できることも大きな要因であろう。彼らの報酬に上限を設けたり引き下げたりすることは、意欲のある人材を確保できず、その業界が活性化しないであろう。青色発光ダイオードを開発した中村修二の著書(8)にもあるように、働く人のインセンティヴの有効性やそれが報酬と関連している事情については、軽視できないと思われる。

第三の「公務員宿舎の家賃が低い」について、筆者は、かつて、外観が立派に見えるため週刊誌に写真入りでやり玉に挙げられた都心の宿舎に入居したことがある。しかし、入居してみると、階上の部屋から掃除機の音や子どもの走る音が階下に響いたり、隣の住居でくしゃみすると、その音が漏れたりするなど、日常生活面で、予想外の事態に遭遇した。これが民間の賃貸マンションであれば苦情の元であり、入居者は長続きしないと思われる。

そもそも、入居する宿舎について、自ら選択できない場合やくじ引きで決まる場合もあるので、その結果如何では、駅から遠くても、あるいは高速道路の側でも我慢しなければならないことがある。また、一度入居したら、地方へ転勤しない限り、簡単に転居できないという不都合も考慮すべきであろう。このように低家賃とセットになっている不利益を考慮することなく、一方的に批判する報道ぶりには違和感を抱いた。

(3) 官民共通の病理現象

以上三点の批判に関する現象は、民間大手企業には皆無なのであろうか。労働効率の問題は、小規模な組織であれば、発生しても自然に淘汰されるであろうが、組織が肥大化すれば、不可避的に発生する現象であり、解雇が困難である我が国の労働慣行にも起因する。給与・退職金等経済的な問題や職務に関連する受益内容の問題は、上場している大手企業や同族会社においては、頻繁に見られるケースである。こうしてみると、問題は官庁固有というよりも、大きな組織や内部牽制の弱い組織に伴う弊害と理解すべきものと思われる。公務員だけを取り上げて批判する姿勢の程度が過ぎると、「威儀を正して職務を果たそう」とする姿勢よりは、「この世の楽しみ」の方により強くひかれる姿勢に陥るであろう。

二　受験倍率の変動

公務員人気の度合いを測る指標としてわかりやすいのが、その受験倍率である。**表9－1〜9－3**は、過去三年間の国家公務員採用試験のうち、採用者数の多い三区分について、その申込者数、最終合格者数、倍率をまとめたものである。これらの区分は、毎年一〇倍から二〇倍程度の人気があり、採用する官庁側から見れば、高倍率であれば事務量負担が増えるものの、より優秀な者を確保できるので望ましい事態であると歓迎しているものと思われる。

受験倍率の高低をみる際には、経験則上、四つの側面があることに注目すべきである。第一に、地域間のバラツキである。その地域に就職先として有力な民間企業があったり、高額給与を提示する企業が多ければ、つまり、魅力的な民間企業があれば、相対的に公務員人気は低くなりがちである。第二に、職種や受験区分によるバラツキである。公務員といえば、「夏は冷房、冬は暖房の効いた事務

表9－1　2011年度国家公務員採用試験実施結果

試験の種類	申込者数（人）	最終合格者数（人）	倍　率
I種試験	27,567	1,390	19.8
II種試験	46,450	4,421	10.5
国税専門試験	19,616	1,916	10.2

出所：人事院発表資料より筆者作成.

表9－2　2010年度国家公務員採用試験実施結果

試験の種類	申込者数（人）	最終合格者数（人）	倍　率
I種試験	26,888	1,314	20.4
II種試験	48,040	4,076	11.7
国税専門試験	20,022	1,988	10.1

出所：人事院発表資料より筆者作成.

表9－3　2009年度国家公務員採用試験実施結果

試験の種類	申込者数（人）	最終合格者数（人）	倍　率
I種試験	22,186	1,494	14.8
II種試験	39,940	5,199	7.6
国税専門試験	16,833	2,307	7.2

出所：人事院発表資料より筆者作成.

室で仕事をする」というイメージをもつ人が依然として多い。このイメージに合う職種は「一般事務職」であり、特別の資格や経験がなくても応募できることから、希望者が多く、高倍率になりがちである。第三に、採用予定数の多寡によって倍率が異なることである。一般的に、一つの官庁当たりの採用予定数が多いほど、相対的に受験倍率は下がる傾向になる。その例として、毎年八〇〇―一〇〇〇人程度を採用する国税専門官試験では、**表9－1～9－3**のとおり倍率は一〇倍前後である。その反対に、採用予定数の極端に少ない職種や受験区分では、異常な高倍率になることがある。第四に、年度によって異なることである。経済成長が顕著で右肩あがりのときや好況時には、民間企業が採用数を増加させるので、公務員受験者数は減少し、結果として受験倍率が下がる。好況時には、筆記試験の勉強などという余分な苦労を背負うことへの負担感から、公務員試験は敬遠されやすいのであろう。しかし、経済成長が失速し、民間会社の採用数が減少すると、俄然、公務員試験が注目されるのであろう。

三　公務員人気の背景

景気の波に影響されて公務員志望を決める学生がいる半面、その波とは関係なく、公務員試験を目指す手堅い学生も、コンスタントに存在している。彼らの志望動機は、積極志向から消極志向まで、多種多様であると思われるが、おおむね三つの類型に区分することが可能であろう。

第一に、「目的意識型」といえる学生である。合格すれば、特定分野の仕事や職種で採用されることを前提としており、それを意識して受験する積極志向のタイプである。その例として、犯罪抑止と市民の安全確保のため警察官を目指すという学生、火災から市民の財産を守るため消防官を目指す学生、税金のプロを目指して国税専門官試験にチャレンジする学生、司法の職場で仕事を得たいとして裁判所書記官試験に応募する学生などがこのタイプと言える。

第二は、「安定志向型」の学生である。公務員の職場は給与その他の労働条件が安定しており、失業の心配がないこと、また、育児休業、介護休暇など福祉面で理解があることから、志願するタイプである。受け入れ側では、このようなタイプの学生を歓迎しないかもしれないが、経済情勢が厳しい時代だから、より安定した就職先を探すのは、学生心理として自然な行為といえよう。

第三は、「消去法型」の学生である。自宅通勤を第一義と考え、通勤できる地域に有力な民間企業がないので、消去法として公務員を狙う消極志向のタイプである。まとまった休暇を必要とする趣味をもつ学生が、自分の趣味に費やす時間を大切にしたいので、確実に休暇を取れる公務員を目指すというケースもその例である。

第二、第三類型の学生は、受験区分として一般事務を目指すと思われる。官庁側としては、第一の類型に属する学生が望ましいのであろうが、いずれの類型であっても、合格するには、相応の勉強量が不可欠なので、その合格に向けた学生の意欲は評価してよいと思われる。女性週刊誌では、第二、第三類型をイメージしているのであろうが、「婚活対象として、おいしい公務員を狙え」と推奨する特集記事が掲載されている(9)。

四　受験者数の変動要因は何か

第三節で述べたとおり、志望動機は多様であるが、景気の波に関係なくコンスタントに公務員を目指す学生が存在している。公務員採用試験制度に大きな変化がない場合、第二節で述べた景気変動以外に公務員試験の志願者数の増減に影響するのは、公務員としての処遇内容の変化である。それは地味ではあるが、ボディーブローのようにじわじわと影響を与える。この内容について、働く公務員の側から見ると、「給与水準がどうか」「労働密度はきつくないか」「権限や責任の配分如何」ということになる。

第一の給与水準について言えば、初任給の官民格差ではあまり変わらないか、むしろ低い可能性もある。しかし、四〇代、五〇代になると、相対的に公務員が恵まれてくると言える。この点だけをとらえて批判があることは、第一節のとおりである。中高年世代で相対的に恵まれるという現象が起こるのは、公務員には民間企業でいうところのリストラがないこと、また、ポストと給与が必ずしも連動しておらず、勤務年数が給与水準に加味されていること、によるものと思われる。相対的とは、このような意味である。

民間企業では、給与水準で恵まれている大手企業に入社しても、四〇代、五〇代になると、リストラや子会社出向の荒波をかぶり、収入がダウンする人がでるであろう。また、社内のポストに就いている人とそうでない人との給与格差も大きいであろう。しかしながら、就職した企業が倒産することもなく、リストラの波も乗り越えた人については、給与面で公務員より優遇されているという事実にも注目すべきである。

給与水準について付け加えると、公務員の退職金問題がある。退職金カットが話題になると、じわじわと志願者数の減少に繋がりかねない。地域の基幹産業衰退による人口流出で有名になった北海道のある自治体において、議会が退職金の大幅カット条例を可決したところ、その施行前に予想以上の駆け込み退職者が続出し、当局が慌てたという事例があった。これは、公務員が退職金の額に敏感であることを示している。

第二の「労働密度」について、公務員に、いわゆる「ノルマ」がないことから安直視されやすい。しかし、災害時の臨時出動やモンスター・クレーマーへの対応など、緊急性・即応性を要する部署における労働密度には注目すべきである。自分が被災者であるにもかかわらず、公務員という地位にあるがゆえに、災害出動にかりだされる人の気持ちを忖度すべきである。また、内容が無意味なクレームを何回も繰り返す常習クレーマーや公務対応の範囲を逸脱するクレームへの対応など神経のすり減る思いをする部署がある。

第三の「権限や責任の配分」について、公務員の世界には、民間企業のように売上を伸ばすとか利益を増加させるという概念がない。これに代わるものとして、意欲のある人材は、「権限の範囲はどこまでか」や「責任のある仕事を担当できるか」に注目すると思われる。この点については、第八節で述べたい。

五　面接の意味

国家公務員の試験合格者は、直ちに採用に結びつくわけではなく、その後、各省庁ごとの面接を経て採否が決まる。平成二二および二三年度の国家公務員採用試験のうち、採用者数の多い区分についてみると、三倍程度の差がある（**表9－4、9－5**参照）。

表9－4　2011年度国家公務員採用試験採用結果

試験の種類	最終合格者数(人)①	採用者数（人）②	開差①÷②
Ⅰ種試験	1,390	546	2.54
Ⅱ種試験	4,421	1,331	3.32
国税専門試験	1,916	740	2.59

出所：人事院発表資料より筆者作成.

表9－5　2010年度国家公務員採用試験採用結果

試験の種類	最終合格者数(人)①	採用者数（人）②	開差①÷②
Ⅰ種試験	1,314	487	2.69
Ⅱ種試験	4,076	1,468	2.77
国税専門試験	1,988	905	2.20

出所：人事院発表資料より筆者作成.

このような開差があるのは、ペーパーテストの結果のみで採用される仕組みに対する批判に対応した措置と言われている。しかし、三倍の開きがあると、合格して喜んだのもつかの間、そこから就職活動ならぬ官庁訪問という関門が待ち受けており、多くの学生がふるい落とされることになる。結局、採用される人よりも採用されない人が多数でるので、試験合格者には気の毒な仕組みである。また、同じ合格者なら、偏差値の高い有名大学出身者を確保しようと採用官庁側の心理が働くので、出身校による差別化が強化される懸念も残る。

公務員試験では、面接の意味が二通りある。「採用試験における合否判定の材料となる面接試験」と「各省庁の採用可否判定としての面接」の二つである。民間企業を希望する多くの学生は面接を主体に就職活動を考えるが、公務員試験においては、まず筆記試験をパスすることが必須とされるところが大きな違いである。

採用側は意欲と能力のある人を採用したいと必死であり、面接においても、これを見極めようとするので、面接では全人格的に試される。面接の意義を安直に考えることは禁物であろう。面接による評価の必要性・意義については、心理学者による指摘がなされている(10)。他人からの質問に口頭で答えるには、まず、質問の趣旨を正確に理解することが求められ、次に、相当程度の知識を整理したうえで回答の中に織り込むことが要求される。俊発的な返答は俊敏な理解力はもちろんのこと、そこには、筆記では及ばないような能力を試されるわけである。

六　公務員試験の魅力

最大の魅力は、出願時点や合否判定において、学歴や出身校による差別がないことである。受験者に対する年齢制限はあるが、新卒、既卒も問われず、ただ勉強の成果が試されるだけなので、民間企業と大きな違いである。民間企業では、中途退学者や既卒者を締め出しているのが平均的な姿であり、そのため四年生が就職留年するなど弊害が発生している。もう一つの魅力は、育児に関する休暇の取得や育児休業後の職場復帰への配慮など、男女共同参画の観点から、女性には恵まれた職場環境であることである。

ここで、公務員試験の主力となっている筆記試験に対する批判について、考えてみたい。筆記試験については、「それだけで公務員としての資質や能力を判定できるのか」、「まともな接遇をできない人、人間関係に問題を起こす人をチェックできない」などの批判がある。

たしかに、筆記試験だけで資質・能力を判定することには限界があることも事実であろう。しかしながら、筆記試験をどのように改善しても、受験予備校が過去問対策を施し、受験者がそれに特化・集中した勉強をしてくれれば、そのようなスキルに長けた人物が有利になることは避けられない。結局、消去法になるが、一定水準の事務遂行能力があるかどうかを確認する手段として、筆記試験に優るものは、現状では見いだせないということかと思われる。

一定水準の能力とは、第一に、採用後、仕事に必要な知識を吸収する能力があるかである。この能力は、択一試験を課すことやその勉強をする過程で、習得され、試されると言える。第二に、筋道を立てた思考ができるかどうかは論文試験で試される。第三に、地味な仕事にも継続して耐える力があるかどうかである。この点については、一―二年間の受験勉強そのものが地味な忍耐の継続であるから、受験を決意し、事前の勉強を継続することそのもので実証されると言えよう。

七　公務員の業務の多様性

多くの市民の目につくのが、窓口業務であり、対応する職員の姿勢の良否が市民の印象を左右する。次に、日常生活での規制・検査・調査を通じて接点がある、警察、保健所、税務署など公権力の行使となる業務である。これらの業務には、各種指導や誘導などいわゆるサービス業務も付随するので、違法行為で摘発されることがなくても、受動的な接点がある。

志の高い人において、政策判断を伴う企画立案、あるいは政策判断の材料となるデータ分析を目指すという風潮が、昨今見られる。注目を浴びる花形部署であり、そのような志望自体は望ましいところであるので、大いに期待したいところである。しかしながら、新人職員がいきなり従事できるものではない。

配属先希望の優先順位は高くはないものの、後方支援業務の存在を忘れてはならない。それは、クレームや不服申し立てなど、行政処分の後始末ともいえる業務である。戦国時代の戦いで言えば、しんがりを務めることに匹敵する。織田信長が越前朝倉・近江浅井に挟まれて、急遽撤退するとき、しんがりを務めたのが「秀吉」である。これで出世の糸口をつかんだともいえるので、軽視できない業務である。

なお、企画立案の前提にある現業事務の大切さを忘れないことも大切である。現業事務の大切さとは、第一に、政策実施後の反応や影響が、生の声で届くということであり、それを企画立案部門へフィードバックする役目は現業部門の使命である。第二に、どのようにすばらしいプランでも、それを実行する担当者の資質や姿勢に不具合があると、台無しになりかねないことである。この点に関し、後藤田正晴の著書にある、「法執行の第一線であたるものと、後ろで机の上で事件を処理し判断する人とは、非常に開きがあった[11]」というコメントが示唆に富むものである。

八　公務員としての自覚とキャリアの形成過程

(1) 自覚・キャリア形成に関する視点

公務員としての資質の練磨や自覚の形成は、第六節のとおり、受験勉強段階から始まっていると言える。大学受験参考書は、書店に数多く積み上げられているのに、公務員試験対策本は、きわめて少ないのが現状である。このような環境では、何よりも受験者の自力による自己研さんが不可欠であり、これを経てきた者の地味な努力は評価されるべきであろう。公務員として採用された後の自覚・キャリア形成については、「判断と責任」、「平時と非常時」、「アウトソーシングの許容範囲」という視点からコメントしたい。

まず、「判断と責任」という視点からいえば、公務員としての自覚が形成されるには、両者相伴うことが不可欠である。「責任の伴わない判断」では、不見識な判断が下され、「判断権限のない責任」では、担当者に無力感・虚脱感・恨みを残すことになる。

次に、「平時と非常時」という視点からいえば、平時対応を原則とする職員に非常時でのスピーディーな対応を求めるのは無理がある。また、逆に、非常時対応を基本とする部局に、平時の緊張を求めるのは過酷となる。前者には、安定した持続力が求められ、後者にはとっさの判断力・瞬発力が求められる。同じ格闘技であっても、レスリングと相撲とでは、鍛えるべき筋肉と運動神経に違いがあるように、同一視するのは酷であろう。

さらに、「アウトソーシングの許容範囲」という視点から見れば、民間企業では、ややもすると業務丸ごと外注というケースがある。公務では、基幹部分まで外注化すれば、自覚も責任感も喪失することは必至である。周辺部分での外注は推進されようとも、基幹部分はあくまでも自前で遂行するのが公務の原則と考えるべきである。

(2) 内外の働きかけ

公務員に本来の業務を賢明に全うしてもらうためには、個々の職員が、自分の力を信じて職務遂行できること、未来への期待が維持できること、が肝要である。さらに、処遇面だけでなく、環境整備として、三つのマクロの視点から、考えてみたい。

第一の視点は、「官対民」の役割分担についてである。地域社会で対処可能な業務を官庁に押し付けると、人員と予算が無限に膨張し、これに要する財源は税金での負担となって、最終的には、市民に跳ね返る。官庁に何かを求めるとき、どこまでが官庁の領域なのか、そのコスト計算を忘れてはならない。

第二の視点は、「政と官（立法府と行政府）」の機能分担についてである。

後藤田正晴の著書に、「日本の行政全体の運営は、本来、政治のコントロールのもとで、役所がその枠の中で動くというのが基本[12]」という的確な表現がある。したがって、国内で対立する利害を調整し、いずれを採用するかの高度な価値判断を下すことは政治の世界に求められる。それに必要な資料を用意するのは、行政府の仕事であり、これが、まさしく政治主導の運営と思われる。しかるに、その調整や価値判断まで官庁に押し付ける姿が目立つと、公務員の士気の低下とモラルの頽廃を招くことになりかねない。

第三の視点は、『行政府対裁判所』の位置づけである。

行政処分に不満があれば、異議申し立てや審査請求など行政庁内の不服申し立て手続きによって争う道がある。これに不満があれば、さらに、司法手続きで争うことが可能である。この正当な手続きを経由しないで、議員に陳情するとか、トップに直訴するなど、バイパスルートを使ったり、「縁故のある偉い人に言えば、何とか融通してもらえる、便宜を図ってもらえるのでは……」との認識が依然として残っている。また、訴訟に訴える場合でも、事実関係や主張内容を整理し、証拠を整えて裁判官にアピールする手続きを軽視し、法廷外で、派手なパフォーマンスを行ったり、マスメディアの力を借りて有利な判決に導こうと画策する事例を見かける。

司法の世界に精通した人や相応のポストにある行政府職員には、その職務を遂行する過程において磨かれた三つの能力がある。それは、「膨大な資料を整理・分析して、問題点を把握できる整理・分析能力」であり、「感情に走らず、筋道を立てた思考をする論理的思考力」であり、「適切・簡潔な文章をもって表現する力」である。これら三つの能力に正攻法で訴えて、適正な判断を求めるのが常道であると思われる。

このように、公務員としての自覚を向上させ、キャリア形成を図る過程に伏在する、諸々のネックやバリアーを解消し、内外から支援する体制の構築も見逃せない。

おわりに

公務員としての自覚は、受験を決意し、その受験勉強の過程から始まり（第六節）、採用後の市民との接触を通じて練磨される（第七節）。採用試験の形態やその難易度は、公務員として求める人材の水準を示しているものと理解できる。滅私奉公型の定常業務を処理する人材を求めるのであれば、常識確認程度の筆記試験で十分であり、高度な知識の有無を問う筆記試験は不要であろう。

公務員としてのキャリア形成には、内外の働きかけが影響している（第八節）。自社で製造した商品を販売する民間企業においては、自社の製品に自信と責任をもてることが不可欠である。この自信と責任は、お客が育てる面もある。ラベルの一文字が印刷不鮮明であるとか、陳列の向きが悪いなど品質に直接関係しない、些細なことでクレームをつければ、販売員は萎縮する。同様に、官庁においても、自己の担当する業務に、自信と責任をもって臨めるよう、市民の理解と協力も必要である。

「希望があるときは自棄的な行為に出ないが、希望が消えて閉塞状態になると、自棄的になるか、無気力になるか、利己的になるか、のいずれかになるらしい(13)」という事態にならないよう心がけたいものである。

注

（1）中山元『思考の用語辞典』筑摩書房、二〇〇三年、二九ページ。
（2）加藤秀俊『現代教育考——独学のすすめ』文藝春秋（文春文庫）、一九七八年、一七二ページ。
陳舜臣『中国傑物伝』中央公論社、一九九一年、一五三ページ。
（3）村上哲見『科挙の話』講談社（講談社現代新書）、一九八〇年、七ページ、四五ページ。
（4）陳舜臣『中国五千年（下）』平凡社、一九八三年、三一九ページ。
（5）駒田信二『中国人物史100話』立風書房、一九八〇年、一八七ページ。
（6）中務哲郎訳『イソップ寓話』岩波書店（岩波文庫）、一九九九年、二三三ページ。
（7）加藤秀俊、前掲書、一七二ページ。
（8）中村修二『負けてたまるか！』朝日新聞社、二〇〇四年、一九九ページ。
中村修二『考える力、やり抜く力　私の方法』三笠書房、二〇〇一年、二一八—二二六ページ。
（9）『女性自身』二〇一一年四月一〇日号、光文社、二〇一一年、三四ページ。
（10）河合隼雄『日本人とアイデンティティ』創元社、一九九三年、一九六—一九八ページ。
（11）後藤田正晴『情と理　後藤田正晴回顧録　上』講談社、一九九八年、一一七ページ。
（12）後藤田正晴、前掲書、一六二ページ。
（13）山本七平『常識の落とし穴』日本経済新聞社、一九八九年、六六ページ。

おわりに

二〇一二年一二月、福井県においてキャリア教育シンポジウム「キャリア教育の方向性と効果を考える」が開催された。日本キャリアデザイン学会の北陸・新潟地区交流会を兼ねて、福井県立大学キャリアセンターが主催したこのシンポジウムには、福井県という交通の不便な地域での開催にもかかわらず、北海道から広島県まで八〇名弱の参加者を集め盛況であった。開催地である福井県からも多くの方が参加された。大学や高校の教育関係者のみならず、就職支援に携わる方や一般の方まで幅広く、キャリア形成やキャリア教育に対する関心の深さが窺われた。

シンポジウムの基調講演において京都大学の溝上慎一先生は、早い時期に自分の将来に対する意識を持つこと、社会性を身につけることが大学生活に限らず社会に出てからも高いパフォーマンスを発揮する割合が高いことを全国調査のデータから説明された。早い時期に将来に対する希望を持っていた人は、希望通りの生き方にはならない場合でも自分の人生に対する満足度が高くなることは、東京大学の玄田有史先生も『希望のつくり方』の中で指摘している。将来について考えることやの将来の希望を持つことが、例えば学生時代に積極的に勉強し、読書をするという行為に繋がり、学内学外での積極的な活動を促進し、その結果さまざまな能力が身につき、職業生活、家庭生活にも反映されるのであろう。それらの活動を通して同時に身に着く社会性は、人とのかかわりの中で生きていく上に不可欠な要素である。

翻って、先の見えない時代と言われる今日、どのような希望を持つことを若い世代に伝えられるのであろうか。慶応大学の高橋俊介先生は『二一世紀のキャリアデザイン』の中で、二一世紀のキャリアデザインの特徴として、想定外の変化による予期せぬキャリアチェンジが起こる可能性と専門性の細分化が進むことを挙げている。専門性の細分化は、環境の変化が起きた場合にその専門能力が陳腐化するリスクを併せ持つ。企業内部の職業能力育成にだけ依存することの危険性は、大手企業の希望退職者募集のニュースからも明らかであろう。そこから見えてくるのは自分の人生にとって、予期せぬ変化がもたらされたときにそれを乗り越え、新たな道を切り開ける力を備えることの必要性ではないか。

本書では、今の若者を取り巻く社会環境の問題点からキャリア形成の必要性を説き、フリーター（非正規雇用者）としての就業が個人だけでなく、社会にも大きな問題をもたらすこと、高校生・大学生の就職の状況と教育機関における支援の状況、新入社員の就業意識に地域による差異がみられること、企業でのキャリア形成の進み方、男女共同参画時代における働き方と、若者が学校から職業生活へ移行する時期をとらえキャリア形成の必要性を述べてきた。若者は将来の社会を形成する力であると言える。しかしながら、バブル経済崩壊後の日本において、従来のような雇用の枠組みが崩れ始め、その皺寄せが失業率の増加、非正規雇用の拡大という形で若年者にもたらされている。正社員採用の絞り込みは、厳選採用という名を借りて大学生に就職活動の時間的・精神的負担を強いているのではないか。教員の立場から見ると、合格した学生も不採用になった学生もその能力に大きな差は感じられない。恐らく不採用になった学生も、志望企業に入社し、その後の教育・育成という機会を与えられたならば十分にその職場で能力を発揮できたのではないか。現在の就職活動の厳しさは、社会が若者に採用試験における選別という無用な試練を与えている感も否めない。

その一方で、厳しい就職活動を乗り越え、苦労しながら企業での職務経験を積むことで若者は間違いなく成長していく。四月に損害保険の会社に入社した男性は、学生時代と入社後に変化したことを問われ「時間に対する考え方が変わった」と答えた。学生時代はつまらない授業はさぼるのが当然という考え方を持っていた。就職後は「世の中に無駄なことは一つもなく、今この時を逃せば二度と取り返せない」と考えて仕事にも勉強にも取り組んでいるとのこと。「大丈夫、心配しなくても良い、若者は自分で進む力を持っている」と改めて教えられる思いがした。

キャリア教育を担当する教員は、多かれ少なかれ学生からの就職相談を受ける機会を持つ。筆者の場合、キャリアセンターの副センター長と言う立場でもあるので、学生や教職員からのキャリアセンターに対する要望、不満を受け止め、時には苦情の対処にもあたる。もちろん学生からの就職に関わる相談は、緊急な場合も多く最優先で対応することとなる。本書の執筆が遅れがちになる中、急に飛び込んでくる学生の相談は、相談に入る時も、原稿に戻るときも、自分の能力不足ではあるのだが意識の切り替えに苦労することとなる。その反面、キャリア教育の教員ならではの嬉しさに出会うこともある。街中で小学校一、二年生ぐらいの女の子を連れた母親から「先生」と呼びかけられる時だ。「学生時代に、結婚しても出産しても絶対に仕事を続けた方が良いと言われたので大変だったけれど続けてきました。続けて良かったと思います」。残念ながら一〇数年前の一言、言ったほうはその母親の名前も忘れているのだが。

原稿の締め切りが迫る中、何度家族に「ごめん、遅くなる」とメールを送ったことか。思い返すと早く子どもの下に帰りたい一心が、仕事の効率性を高め、計画性を養うことに繋がったような気もする。感謝とお詫びの重なりばかりであった。教え子でもある仕事を持つ母親には、親としてのキャリア、主婦としてのキャリアも大切にしてほしいと思っている。それらはまた職業キャリアの幅もライフキャリアの幅も間違いなく広げることにも繋がるであろう。

本書で伝えたかったことがこの本を手に取る方に十分に伝わったのか、筆者の表現力の拙さもあり、疑問符は多々生じてくる。この母親のように本書の何かの一節が、語句が心に残り少しでも自分の人生の方向を決める支えとなれば幸いである。若者だけでなく周囲の大人の方たちも、若者の問題に目を向ける機会となり、キャリア形成を支援するための一助となる部分があれば幸いである。

本書の作成にあったては、お忙しい中、章の執筆を担当してくださった福井県立大学経済学部の飛田正之先生、村井節也先生、福井県総務部の江端美喜子課長に改めてお礼申し上げる。出版の機会を与えてくださった福井県立大学の関係者の皆様、編集においていろいろとご指導やご助言をいただいた晃洋書房の丸井清泰氏に、紙面をお借りして改めて心からの感謝を申し上げたい。

二〇一二年一二月二四日

窓の外に降る雪を眺めながら、福井県立大学研究室にて

中里弘穂

〈マ　行〉

〈ラ・ワ　行〉

〈タ　行〉

〈ナ　行〉

〈ハ　行〉

索　引

《執筆者紹介》（執筆順，＊は編著者）

＊中 里 弘 穂（なかざと　ひろほ）［はじめに・第1章〜第5章・おわりに］
福井県立大学キャリアセンター准教授

飛 田 正 之（とびた　まさゆき）［第6章・第7章］
福井県立大学経済学部准教授

江 端 美 喜 子（えばた　みきこ）［第8章］
福井県総務部男女参画・県民活動課課長

村 井 節 也（むらい　せつや）［第9章］
福井県立大学経済学部教授

福井県立大学県民双書XIII
若者のキャリア形成を考える

2013年2月28日　初版第1刷発行

＊定価はカバーに
表示してあります

編著者の
了解により
検印省略

編著者　中 里 弘 穂©
発行者　上 田 芳 樹
印刷者　出 口 隆 弘

発行所　株式会社　晃 洋 書 房

〒615-0026　京都市右京区西院北矢掛町7番地
電話　075（312）0788番㈹
振替口座　01040-6-32280

印刷・製本　㈱エクシート

ISBN978-4-7710-2425-0